Piano • Vocal • Guitar

VOCAL SELECTIONS

P9-DCF-462

conceived, directed and choreographed by **TWYLA THARP**

based on the songs and music of **BILLY JOEL**

MOVIN' OUT

Photography by Joan Marcus

ISBN 0-634-05802-9

HAL•LEONARD® CORPORATION

7777 W. BLUEMOUND RD. P.O. BOX 13819 MILWAUKEE, WI 53213

In Australia Contact:
Hal Leonard Australia Pty. Ltd.
22 Taunton Drive P.O. Box 5130
Cheltenham East, 3192 Victoria, Australia
Email: **ausadmin@halleonard.com**

Visit Hal Leonard Online at
www.halleonard.com

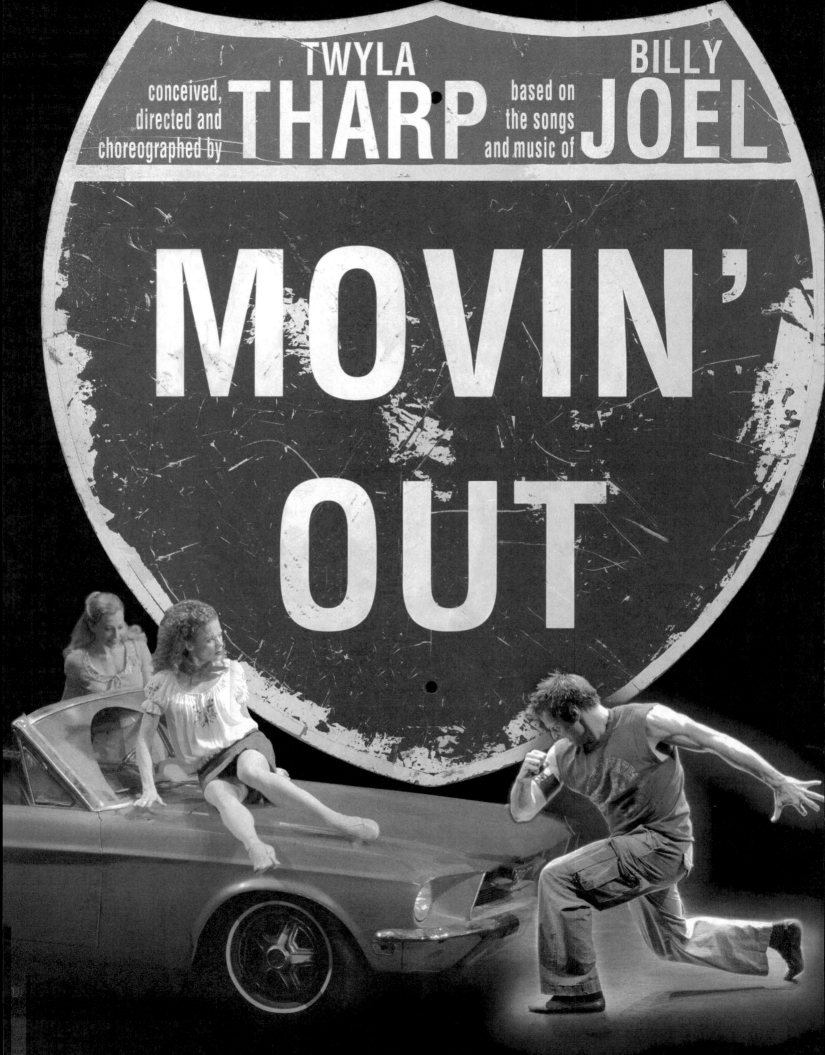

SCENES FROM AN ITALIAN RESTAURANT

Words and Music by
BILLY JOEL

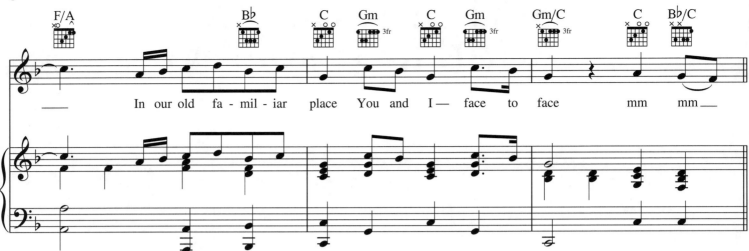

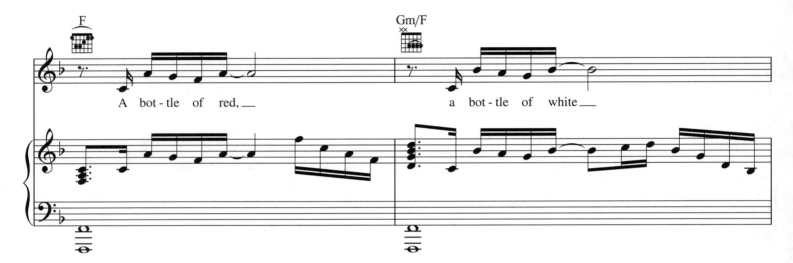

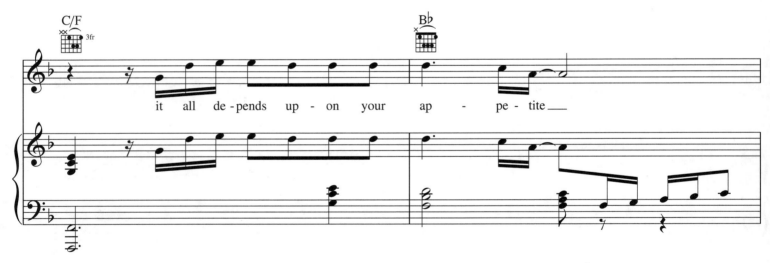

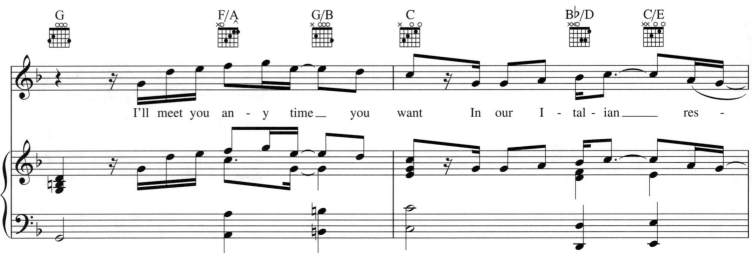

7

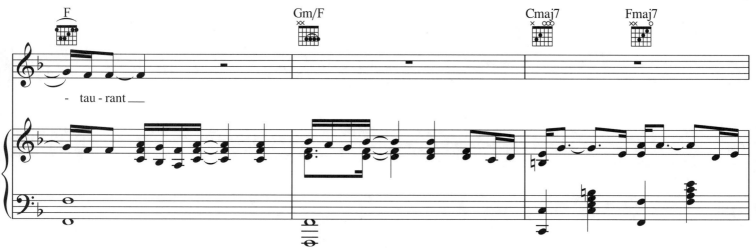

tau - rant

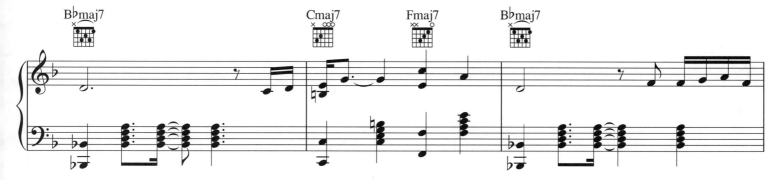

Fast Rock 'n' Roll

Things are o - kay __ with   me these days __   Got a good job, __   got a good of - fice,

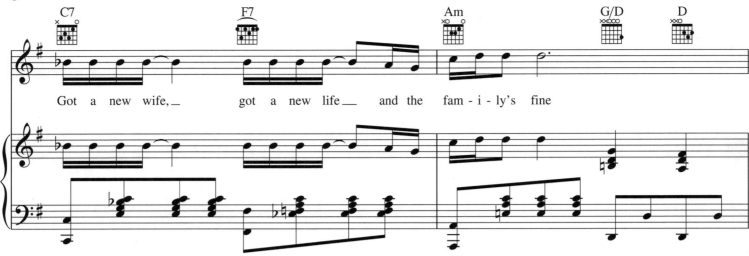

Got a new wife,__ got a new life__ and the fam-i-ly's fine

We lost touch long a-go___ You lost weight I did not know__

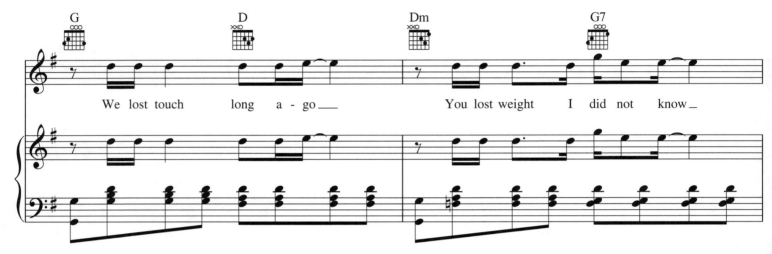

You could ev-er look so nice af-ter so much time_____ Do you re-

mem-ber those days hang-ing out at the Vil-lage Green The

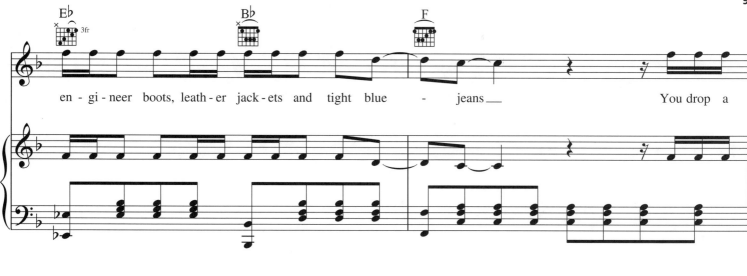

en-gi-neer boots, leath-er jack-ets and tight blue jeans___ You drop a

dime in the box play a song a-bout New Or - leans___

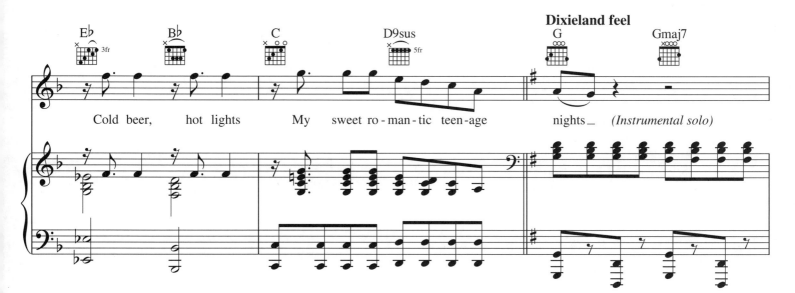

Cold beer, hot lights My sweet ro-man-tic teen-age nights__ *(Instrumental solo)*

Dixieland feel

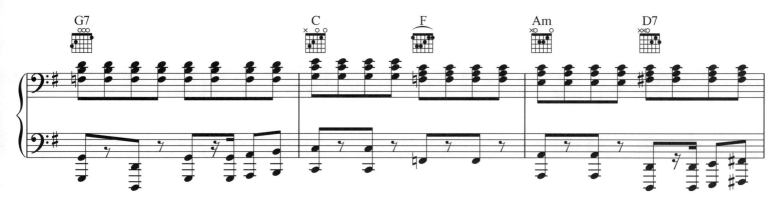

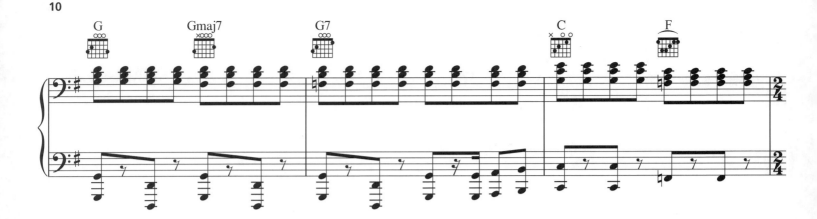

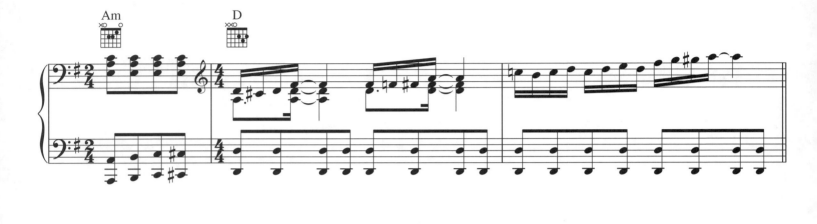

Rock 'n' Roll feel

14

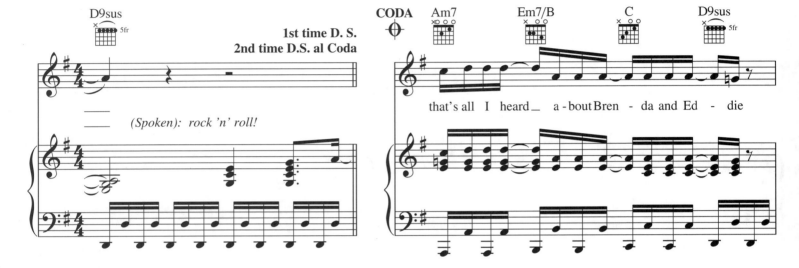

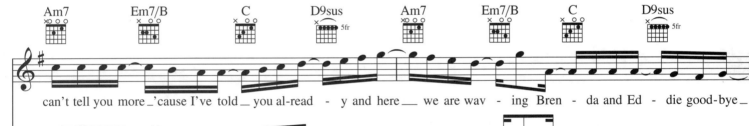

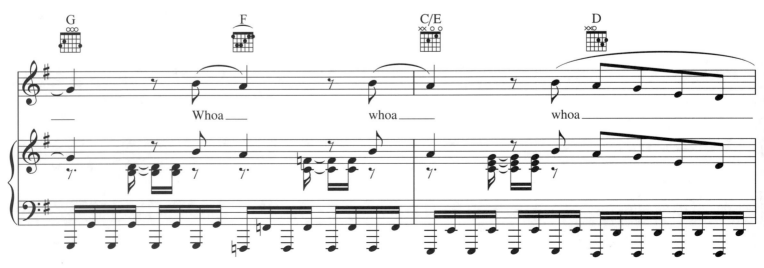

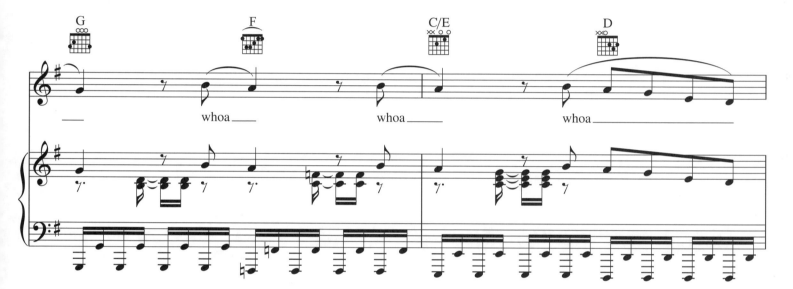

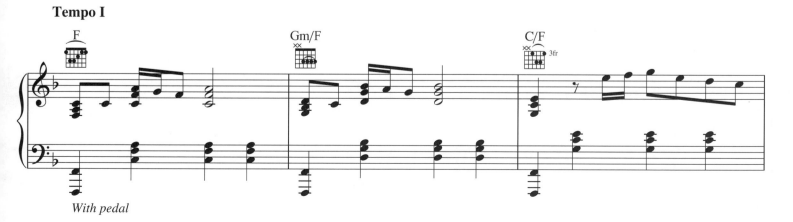

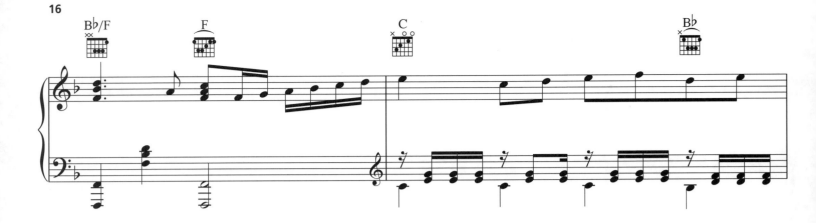

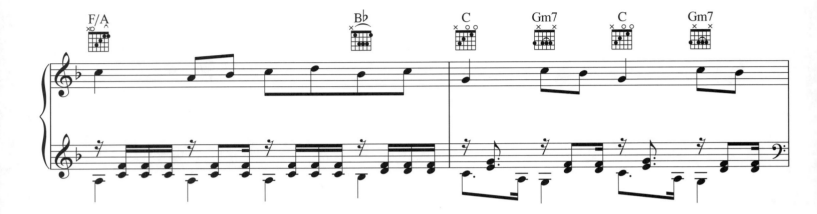

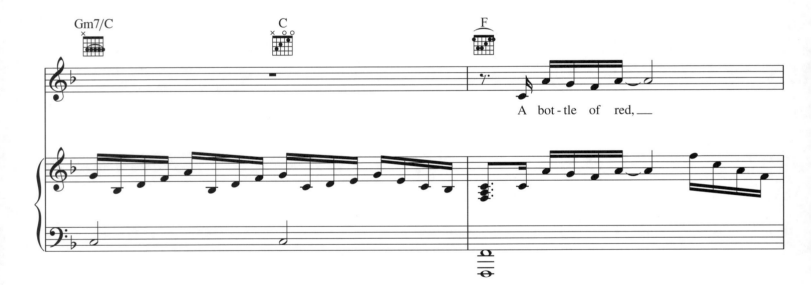

A bot-tle of red, ___

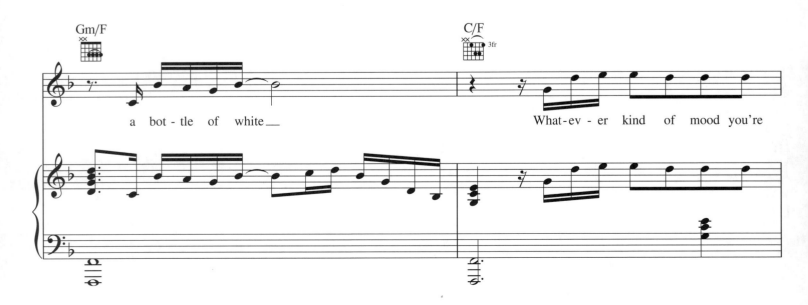

a bot-tle of white ___

What-ev-er kind of mood you're

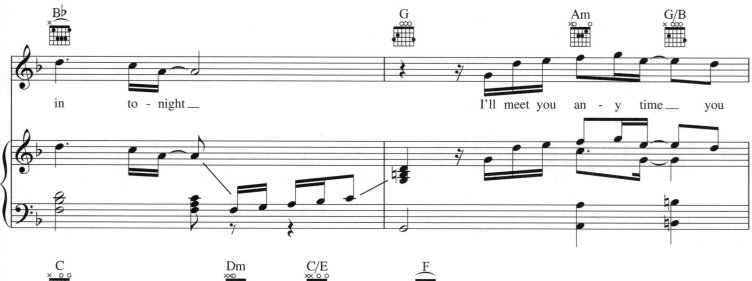

in to - night ___

I'll meet you an - y time ___ you

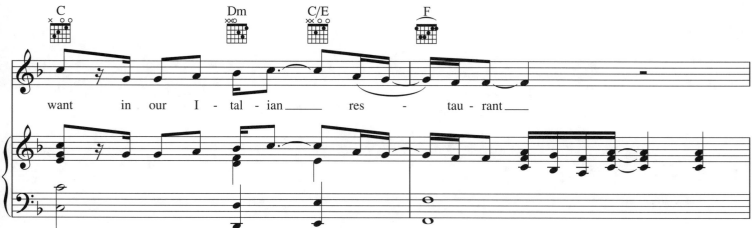

want in our I - tal - ian _____ res - tau - rant ___

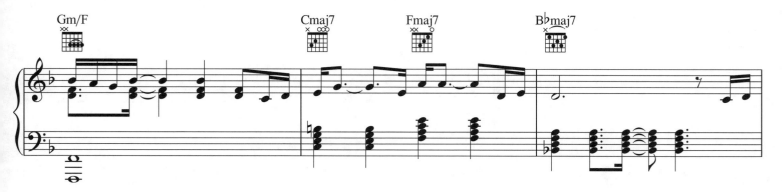

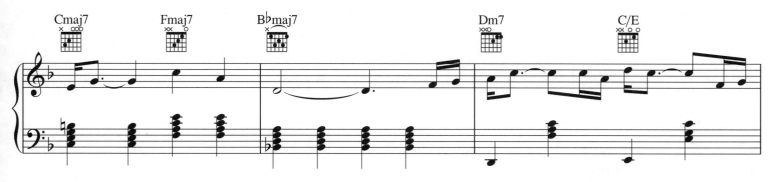

MOVIN' OUT
(Anthony's Song)

Words and Music by
BILLY JOEL

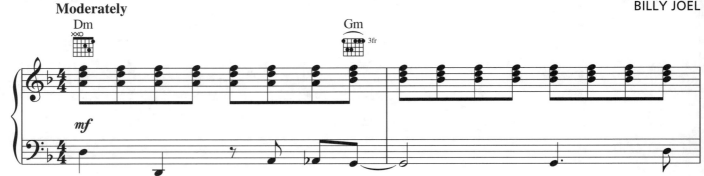

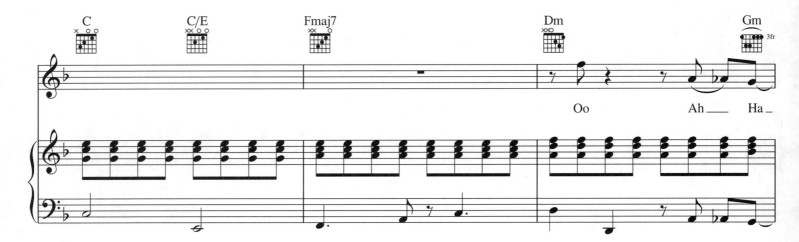

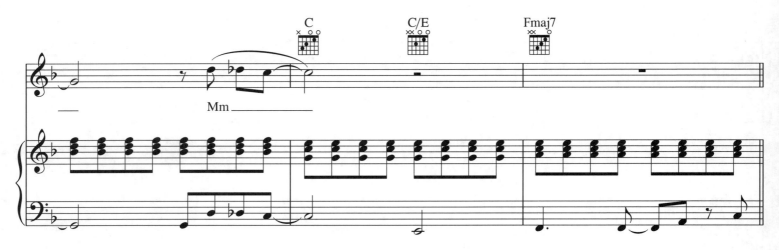

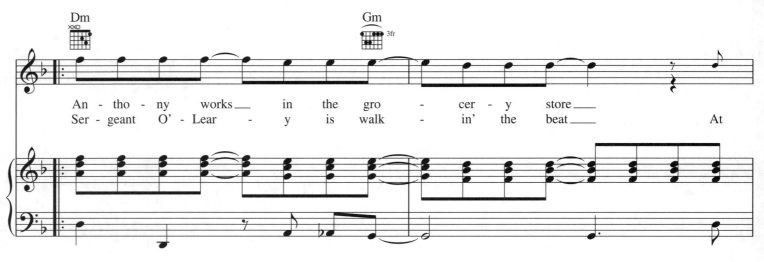

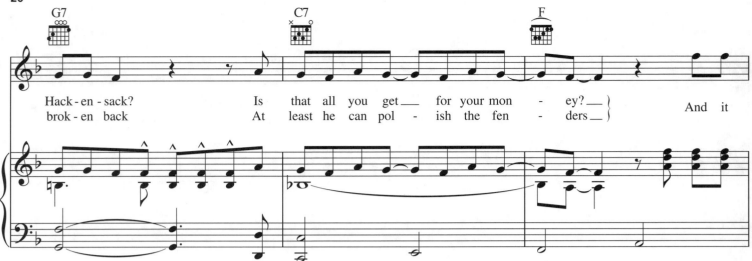

Hack - en - sack? Is that all you get ___ for your mon - ey? ___}

brok - en back At least he can pol - ish the fen - ders ___}

And it

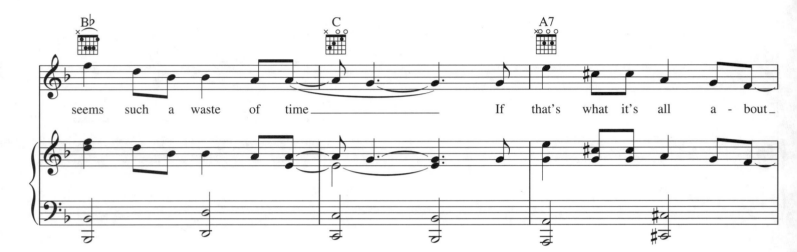

seems such a waste of time _____ If that's what it's all a - bout ___

Ma - ma if that's mov - in' up then I'm _____

mov - in' out. ___ Mm ___ I'm mov - in' out ___

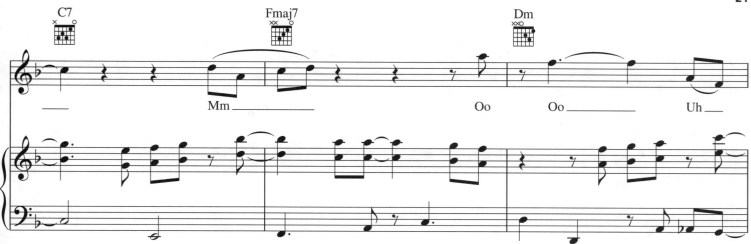

Mm _____ Oo Oo _____ Uh _____

huh Mm _____ Hm

You should nev-er ar-gue with a cra-zy mi mi mi mi mi mind

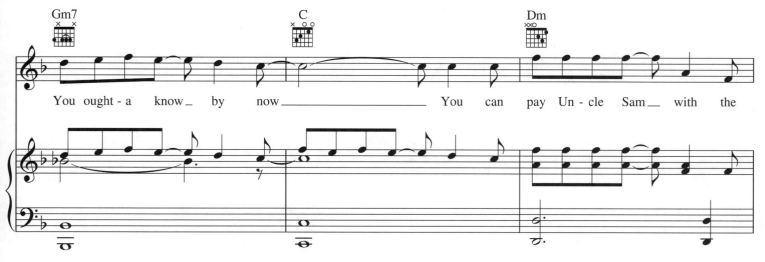

You ought-a know _ by now _____ You can pay Un-cle Sam _ with the

o - ver-time   Is   that all you get___ for your mon - ey___   And if

that's what you have in mind _____ Then that's what you're all a - bout__

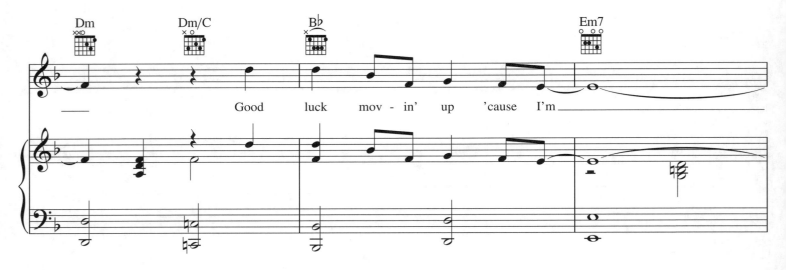

__   Good luck mov - in' up 'cause I'm _____

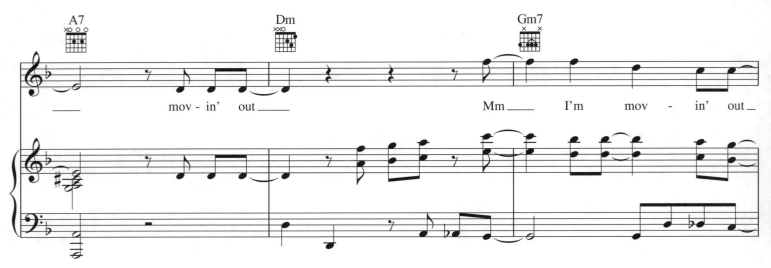

__   mov - in' out ___   Mm__ I'm mov - in' out_

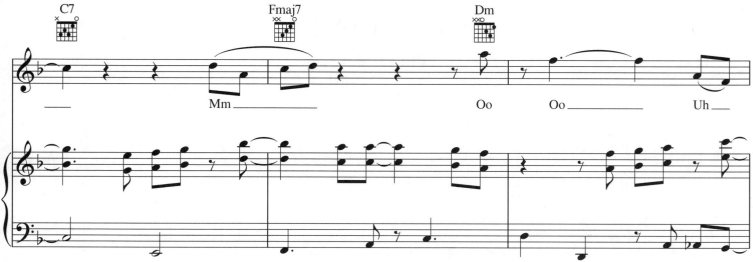

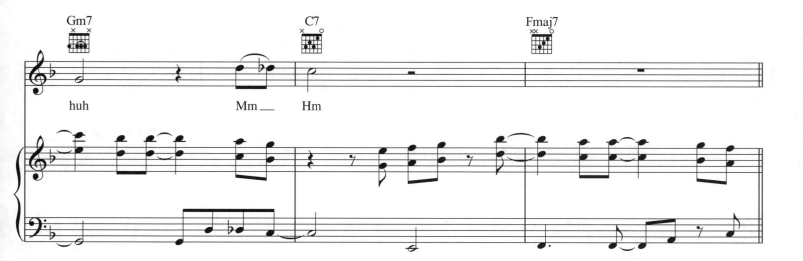

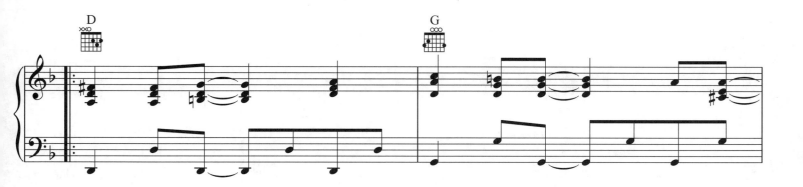

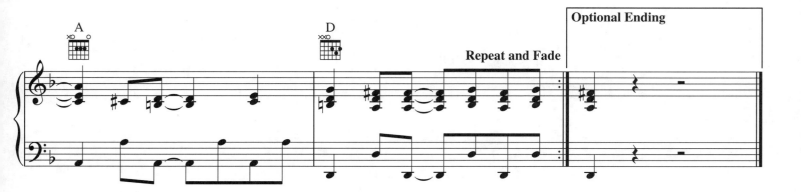

REVERIE
(Villa D'Este)

Written by WILLIAM JOEL
Arranged by RICHARD HYUNG-KI JOO

Moderato (♩ = 60) *very freely at first*

Segue to "Just the Way You Are"

JUST THE WAY YOU ARE

Words and Music by
BILLY JOEL

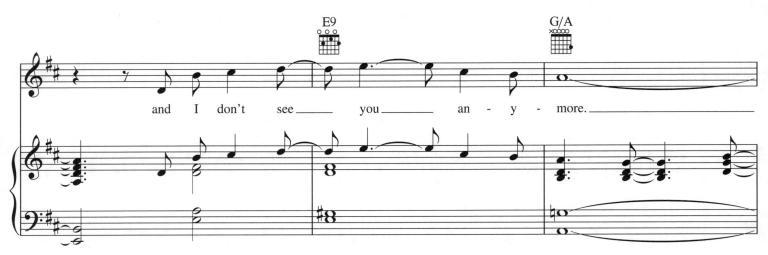

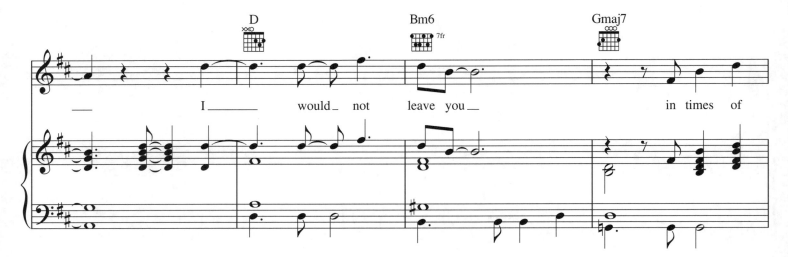

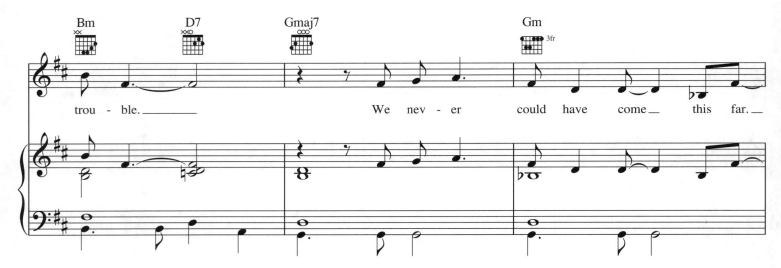

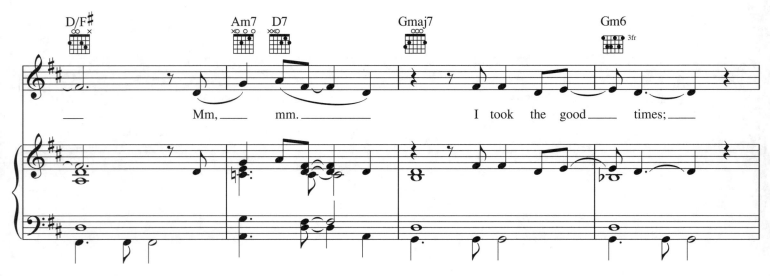

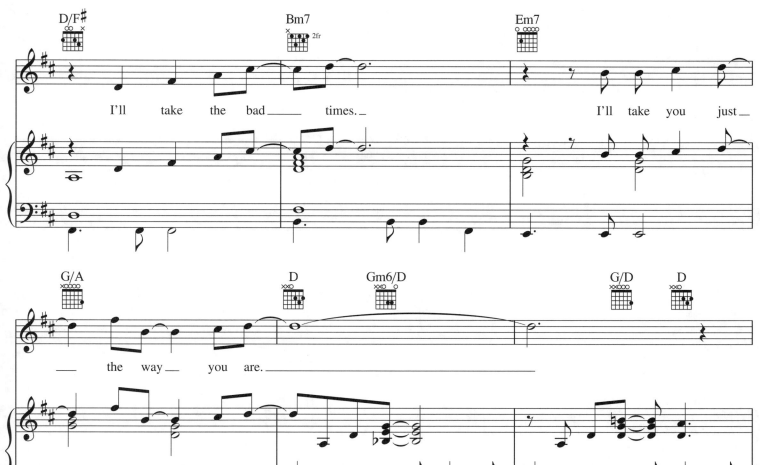

I'll take the bad _____ times. _____ I'll take you just _____ the way _____ you are. _____

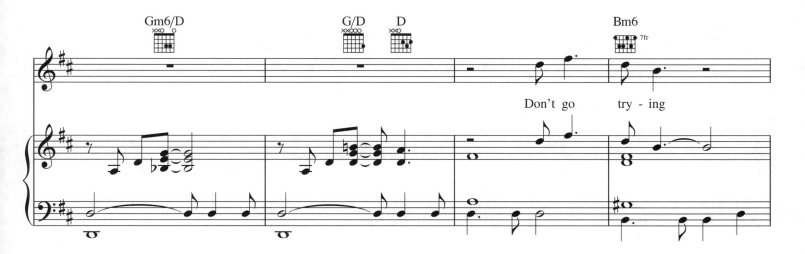

Don't go try - ing

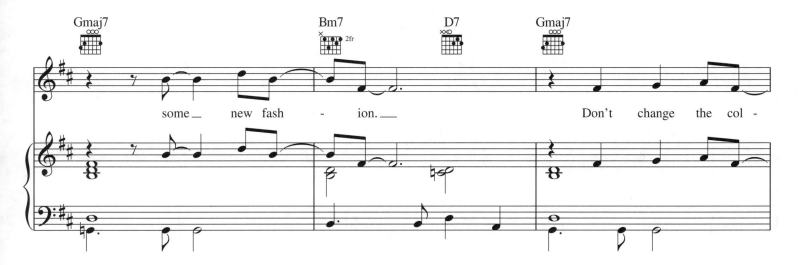

some _____ new fash - ion. ___ Don't change the col -

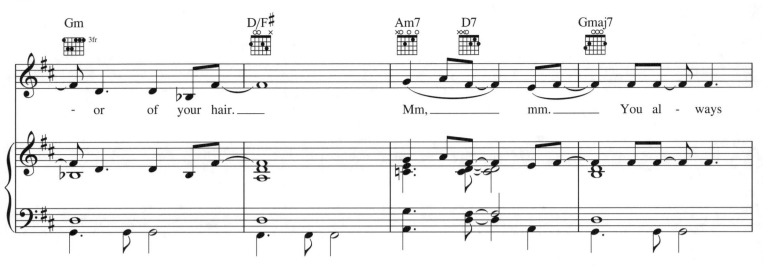

- or of your hair.____ Mm,_____ mm._____ You al - ways

have my un - spok - en pas - sion,___

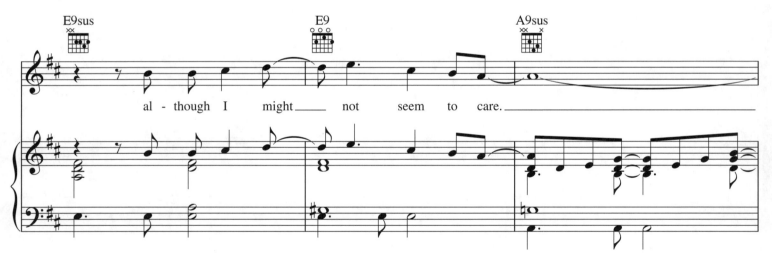

al - though I might____ not seem to care._____

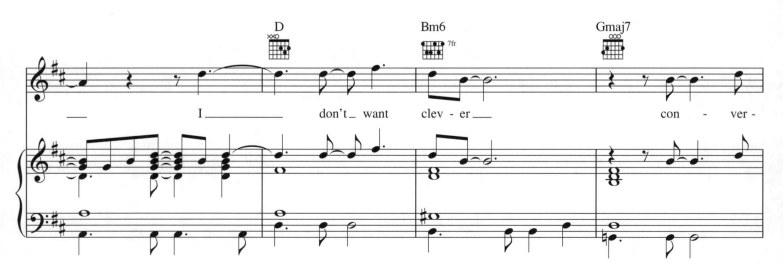

____ I_____ don't_ want clev - er con - ver -

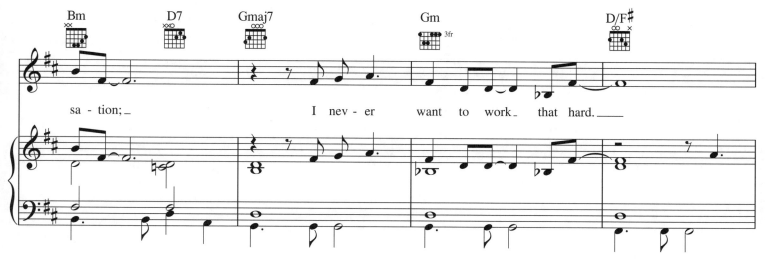

sa - tion; ___ I nev - er want to work ___ that hard. ___

Mm, _____ mm. _____ I just want some - one _____ that I can talk __

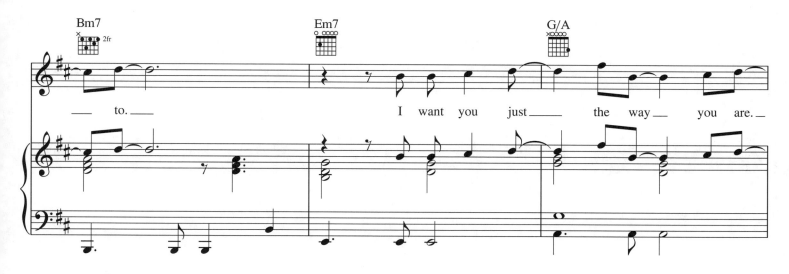

___ to. _____ I want you just ____ the way __ you are. __

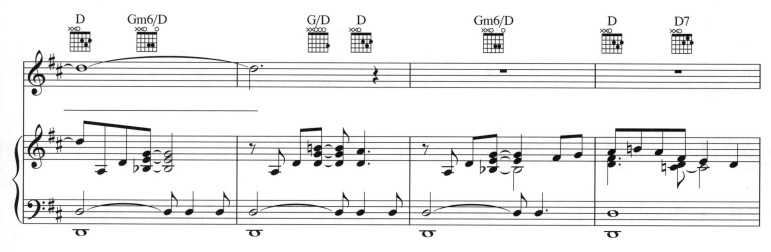

I need to know_____ that you___ will al - ways be_____

the same old some - one that I knew._____ Oh,

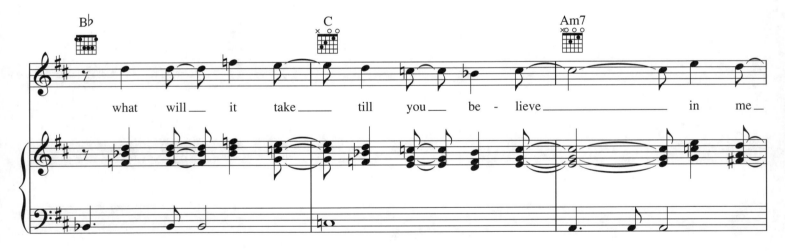

what will___ it take___ till you___ be - lieve_____ in me___

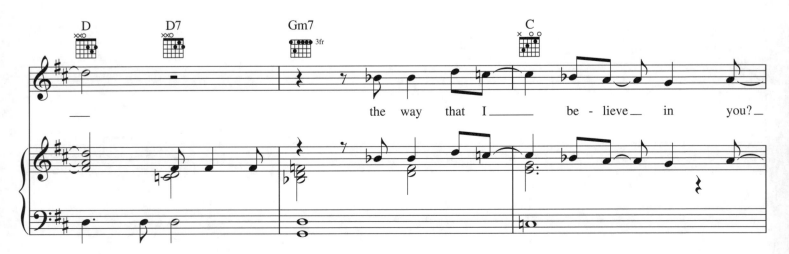

_____ the way that I_____ be - lieve___ in you?___

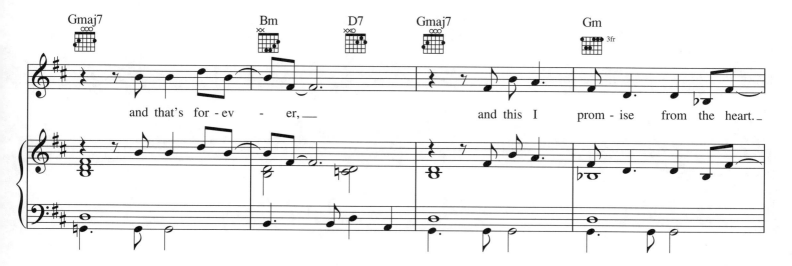

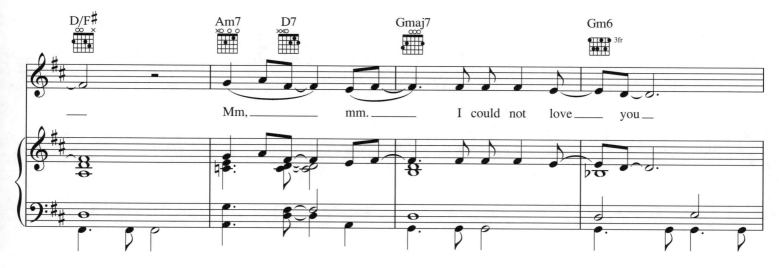

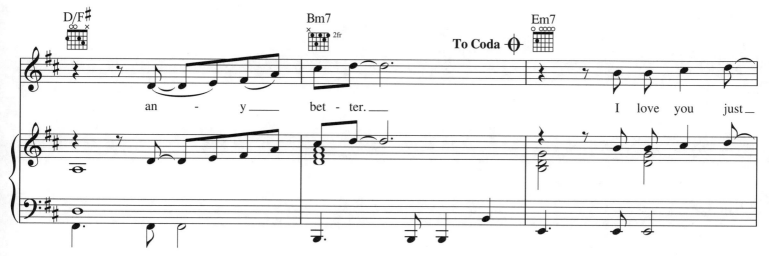

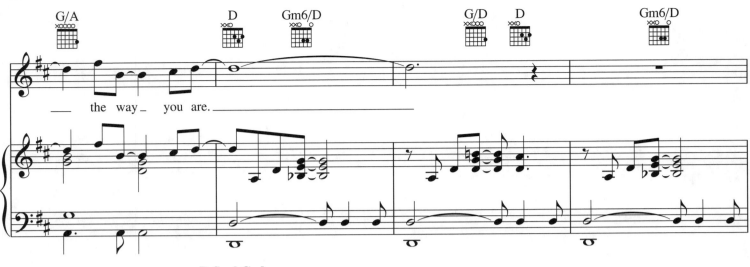

the way_ you are._____

D.S. al Coda

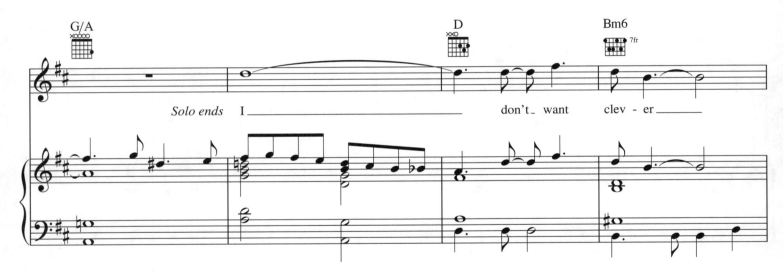

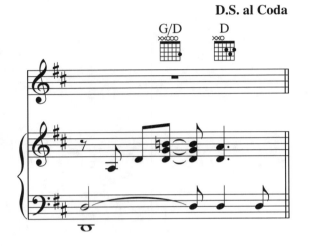

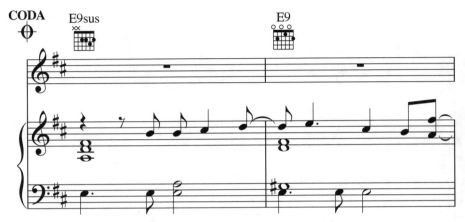

Solo ends I_____ don't_ want clev - er_____

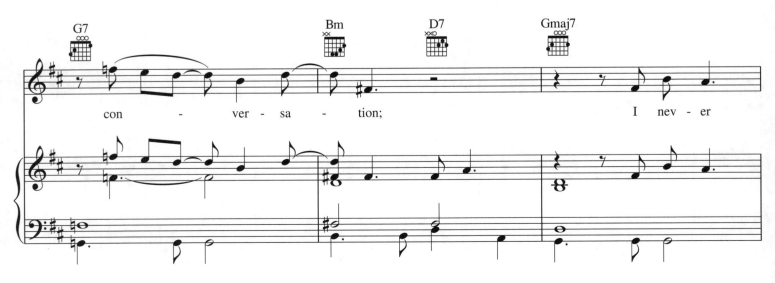

con - ver - sa - tion;   I nev - er

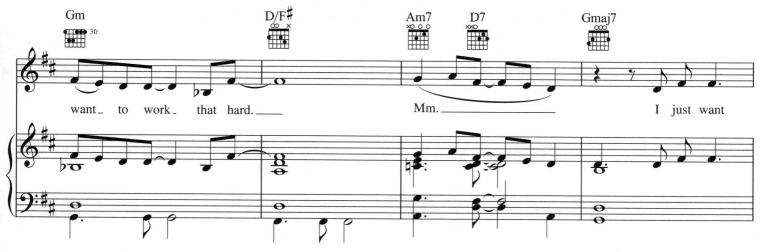

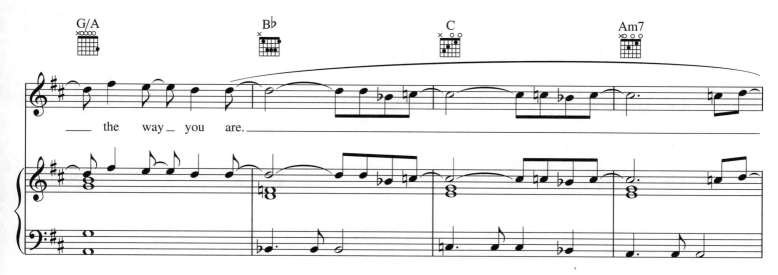

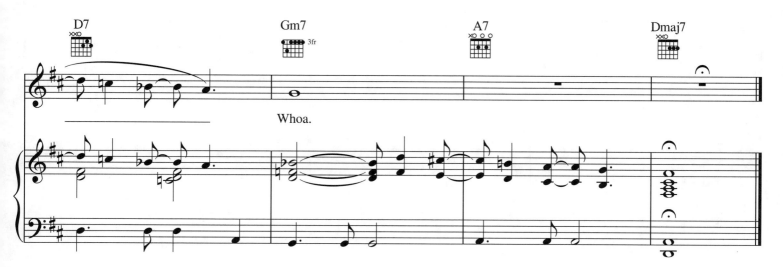

THE LONGEST TIME

Words and Music by
BILLY JOEL

Bright Rock and Roll

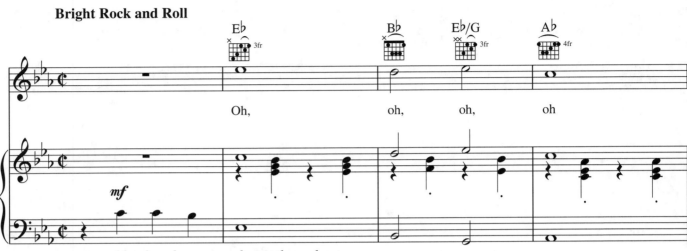

Oh,   oh,   oh,   oh

l.h. played an octave lower throughout

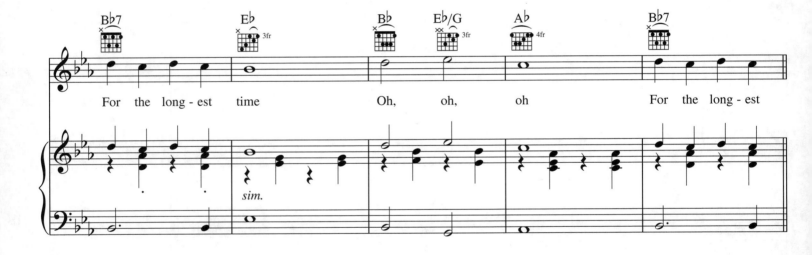

For the long-est time   Oh,   oh,   oh   For the long-est

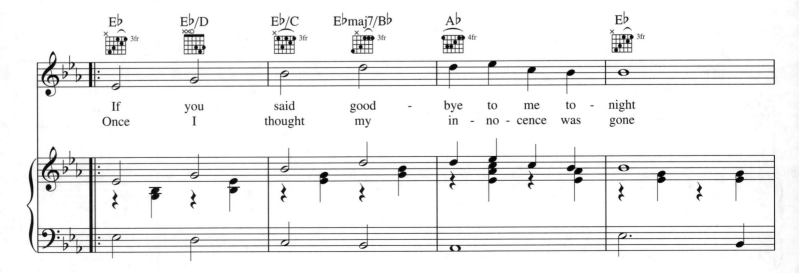

If   you   said   good - bye to me to - night
Once   I   thought   my   in - no - cence was   night
                                                    gone

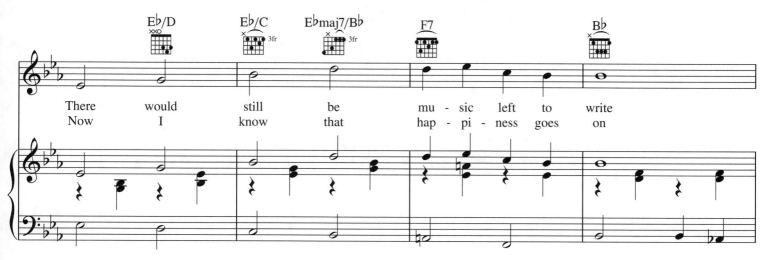

There would still be mu- sic left to write
Now I know be that hap- pi- ness goes on

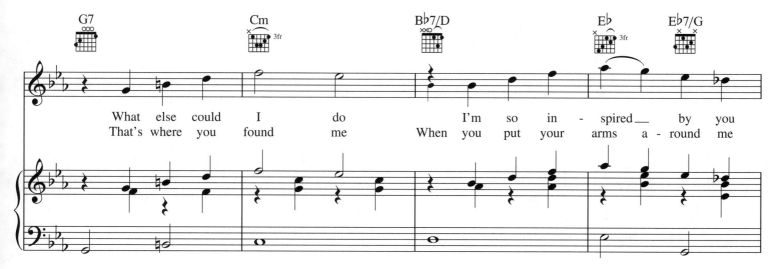

What else could I do I'm so in- spired__ by you
That's where you I found me When you put your arms a- round me

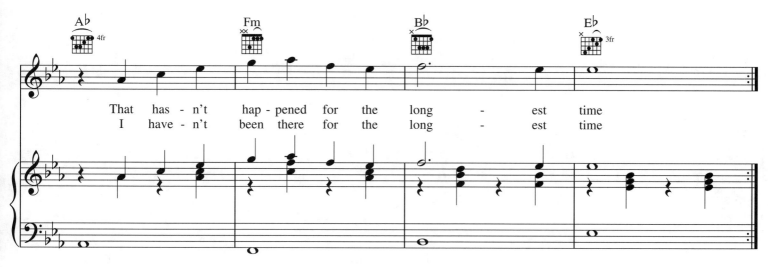

That has- n't hap- pened for the long - est time
I have- n't been there for the long - est time

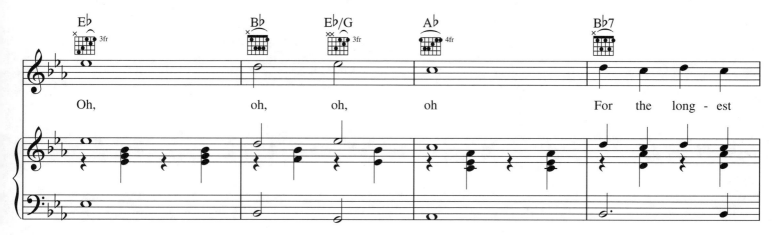

Oh, oh, oh, oh For the long- est

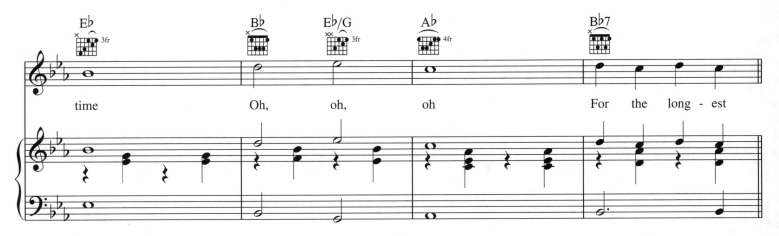

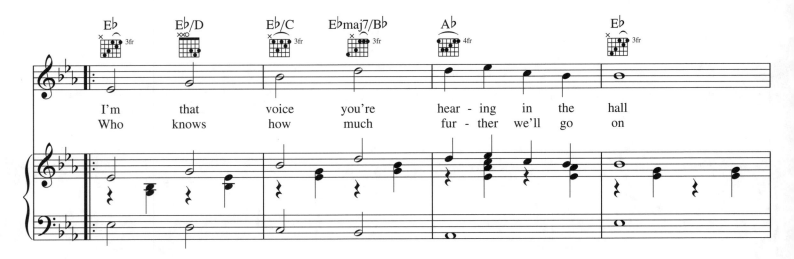

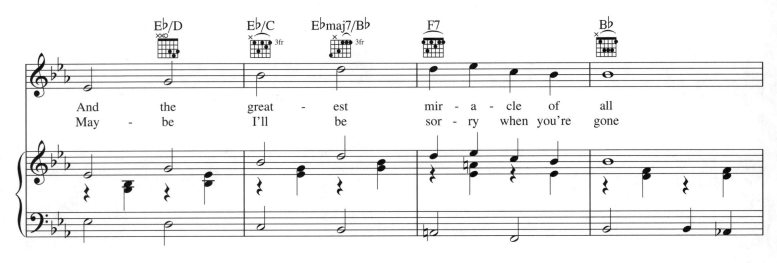

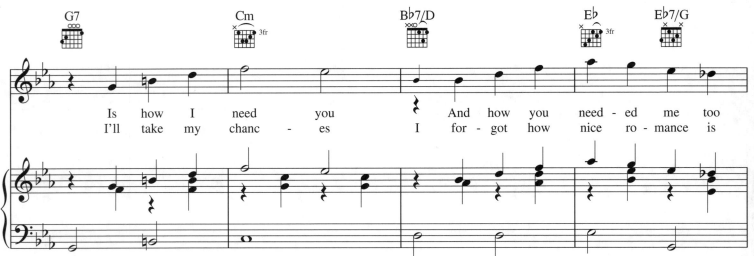

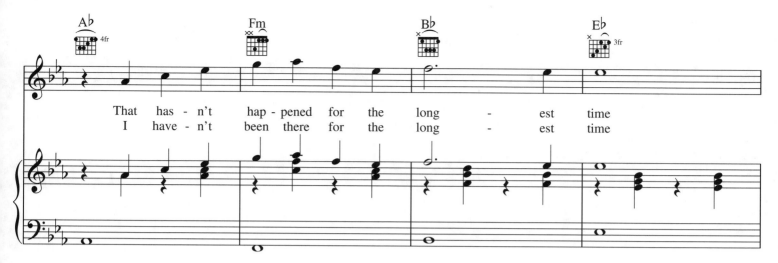

That has - n't hap - pened for the long - est time
I have - n't been there for the long - est time

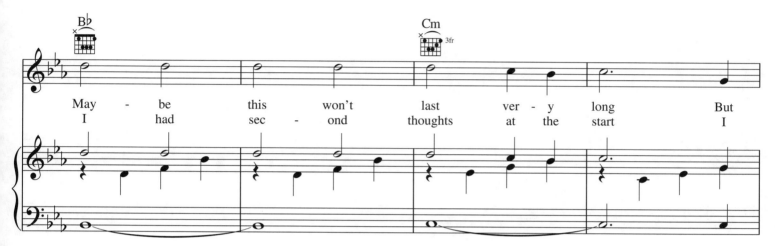

May - be this won't last ver - y long But
I had this sec - ond thoughts at the start I

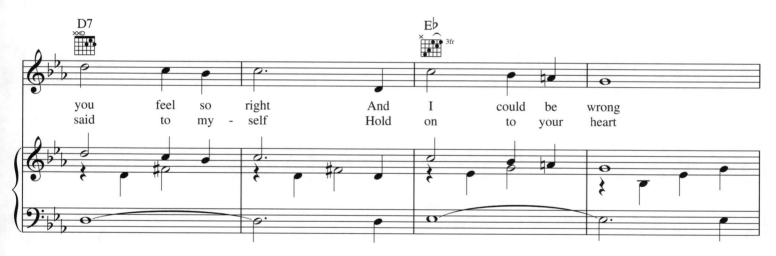

you feel so right And I could be wrong
said to my - self Hold on to your heart

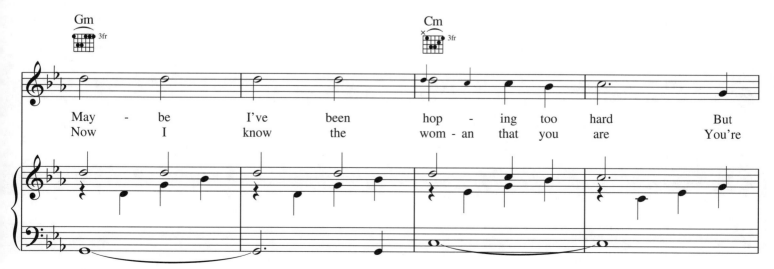

May - be I've been hop - ing too hard But
Now I know been the wom - an that you are You're

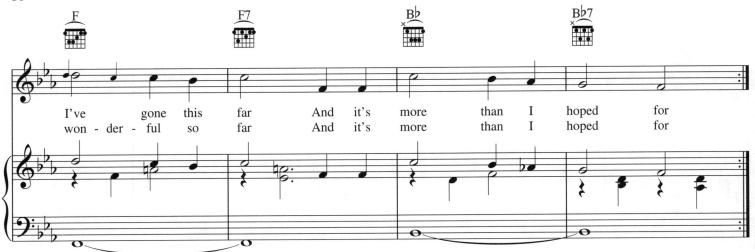

I've gone this far And it's more than I hoped for
won-der-ful so far And it's more than I hoped for

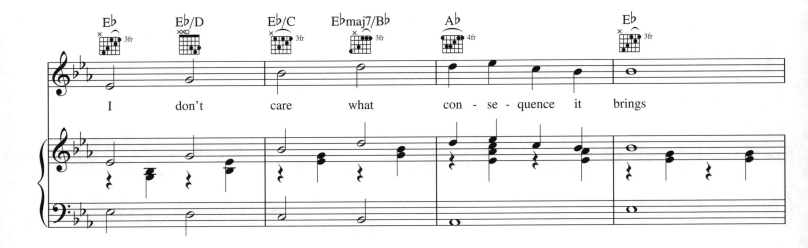

I don't care what con-se-quence it brings

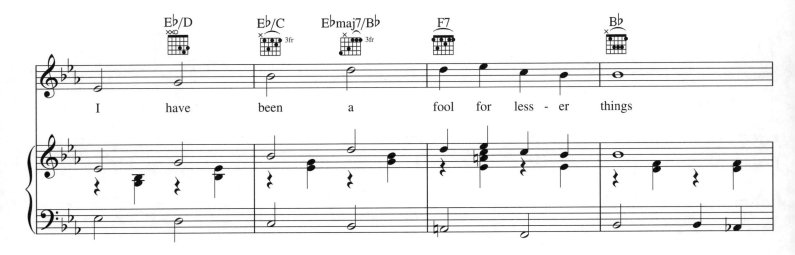

I have been a fool for less-er things

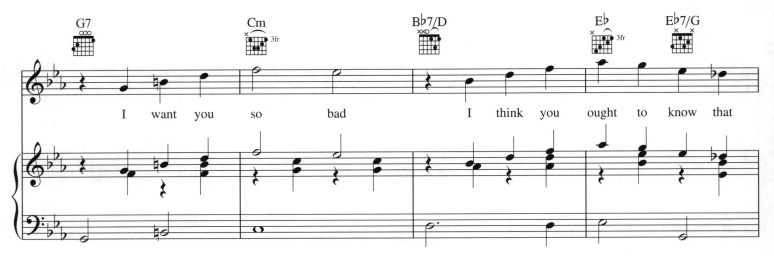

I want you so bad I think you ought to know that

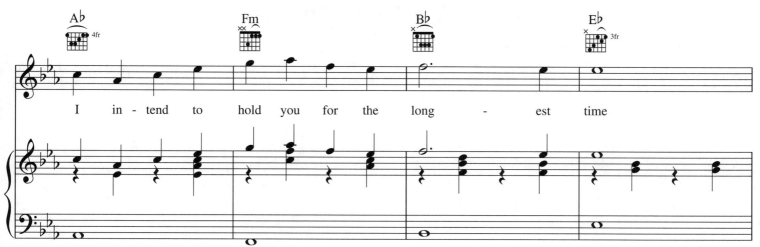

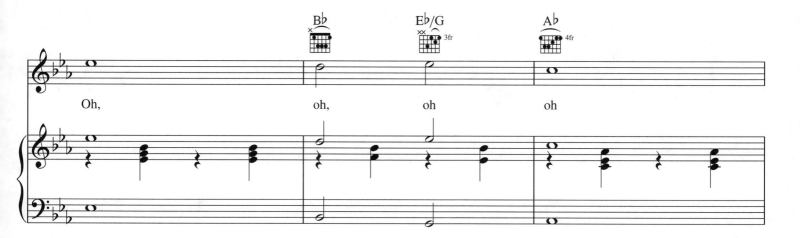

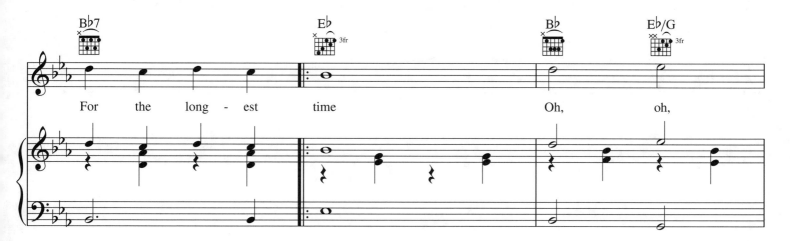

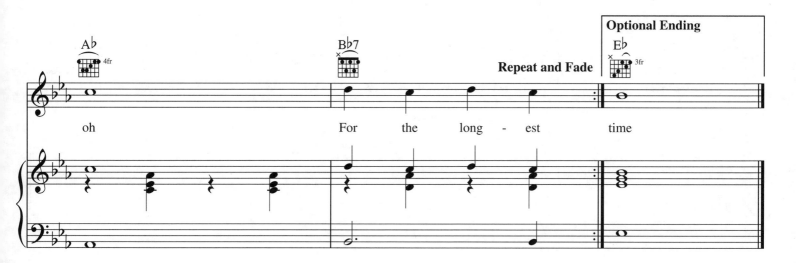

UPTOWN GIRL

Words and Music by
BILLY JOEL

Moderate Rock 'n' Roll

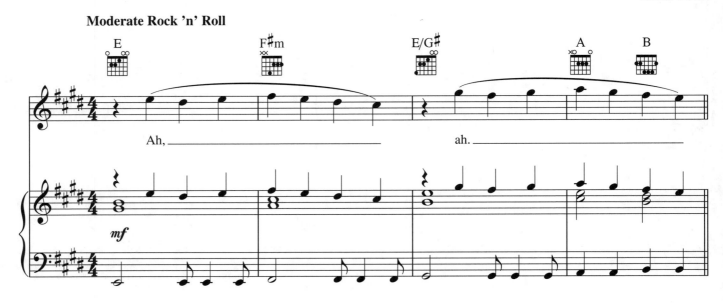

Ah, _____ ah. _____

Up-town girl, she's been liv-ing in her up-town_ world. I bet she nev-er had a

back-street guy. I bet her ma-ma nev-er told her_ why. I'm gon-na try for an

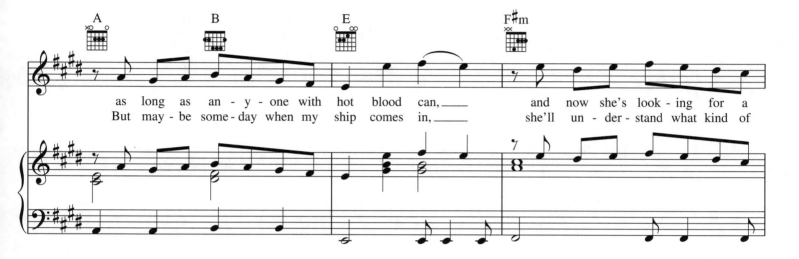

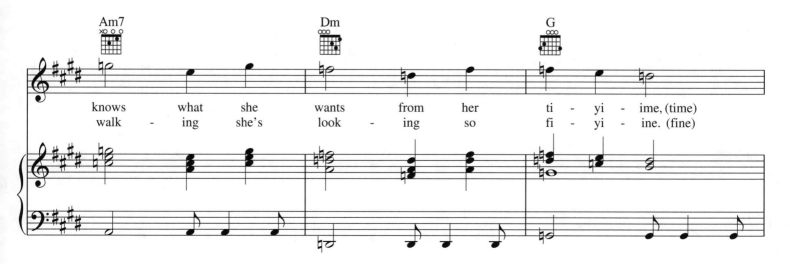

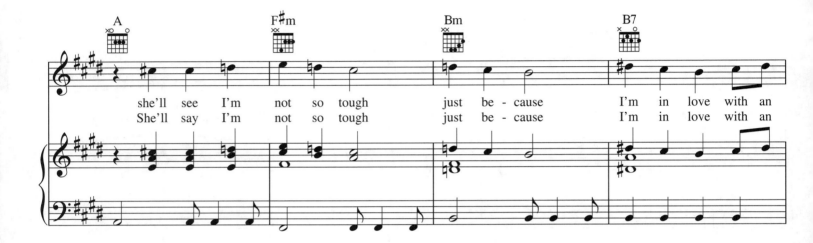

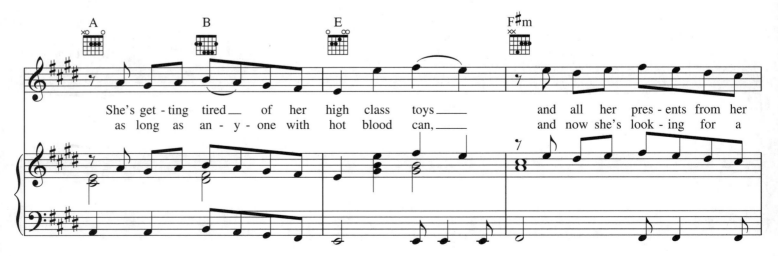

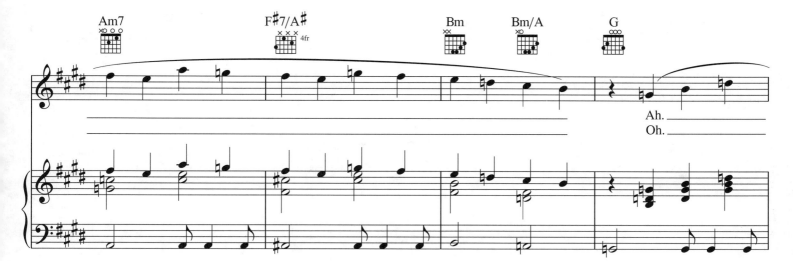

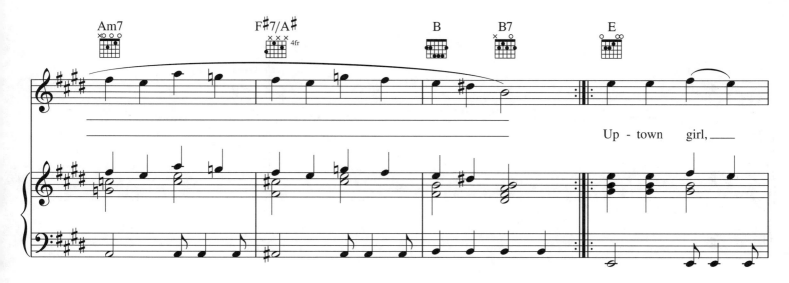

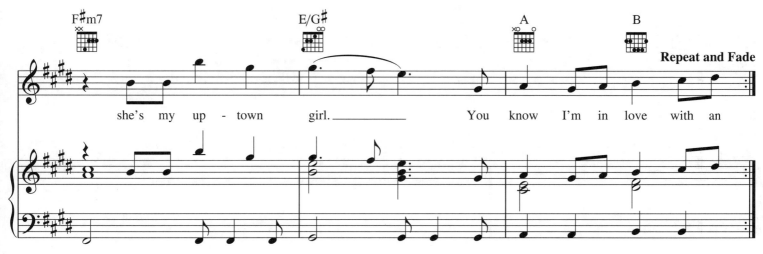

SUMMER, HIGHLAND FALLS

Words and Music by
BILLY JOEL

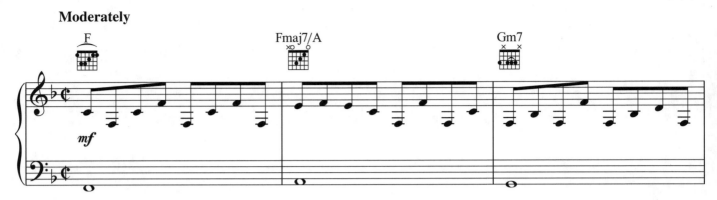

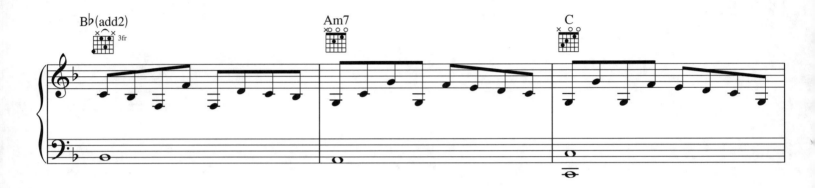

They say that these are not the best___ of times,___ but
ar - gue and we'll com - pro - mise,___ and
(Instrumental)

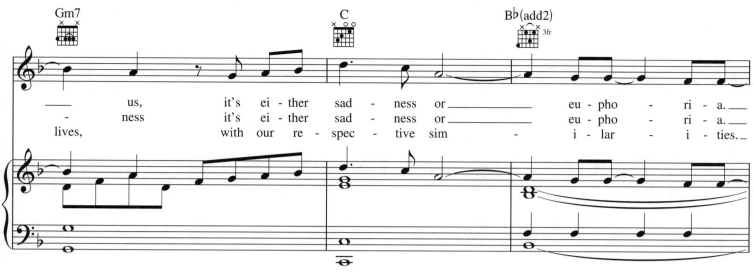

us, it's ei - ther sad - ness or _____ eu - pho - ri - a. ____
- ness it's ei - ther sad - ness or _____ eu - pho - ri - a. ____
lives, with our re - spec - tive sim - i - lar - i - ties. ____

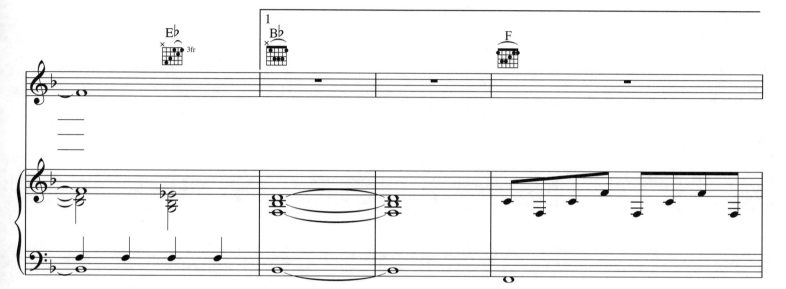

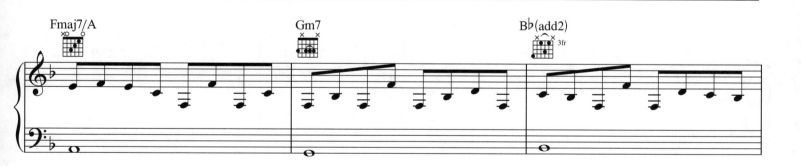

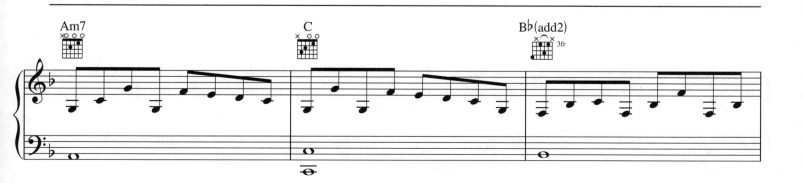

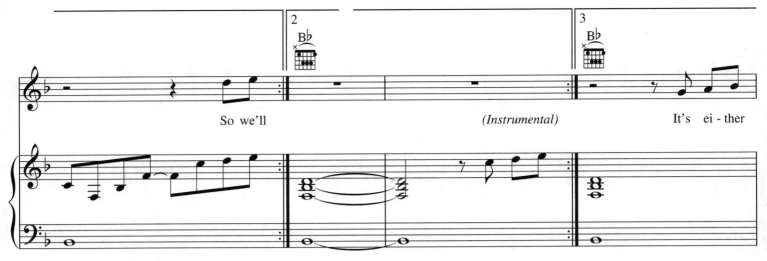

So we'll (Instrumental) It's ei - ther

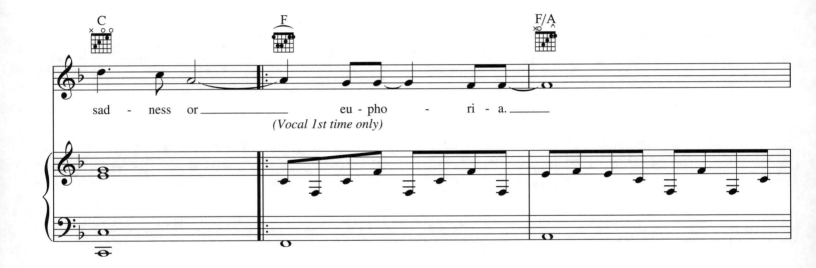

sad - ness or _____ eu - pho - ri - a. _____
(Vocal 1st time only)

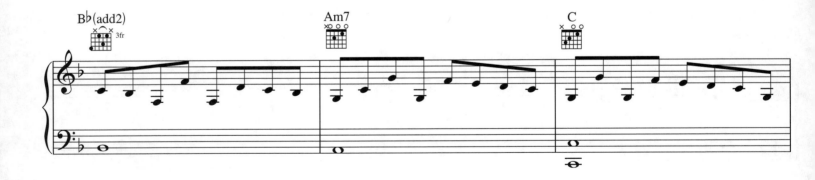

Repeat and Fade | **Optional Ending**

WALTZ #1
(Nunley's Carousel)

Written by WILLIAM JOEL
Arranged by RICHARD HYUNG-KI JOO

Tempo di valse

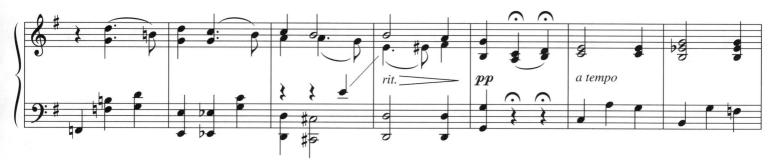

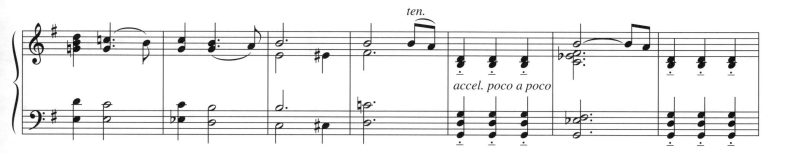

SHE'S GOT A WAY

Words and Music by
BILLY JOEL

Slow and steady

She's got a way ___ a - bout ___
She's got a smile ___ that heals ___

___ her.   I don't know ___ what it is, ___ but I
___ me.   I don't know ___ why it is, ___ but I

know that I ___ can't live with - out ___ her.   She's got a way ___ of
have to laugh ___ when she re - veals ___ me.   She's got a way ___ of

pleas - in'. _____ I don't know _____ why it is, _____ but there
talk - in'. _____ I don't know _____ why it is, _____ but it

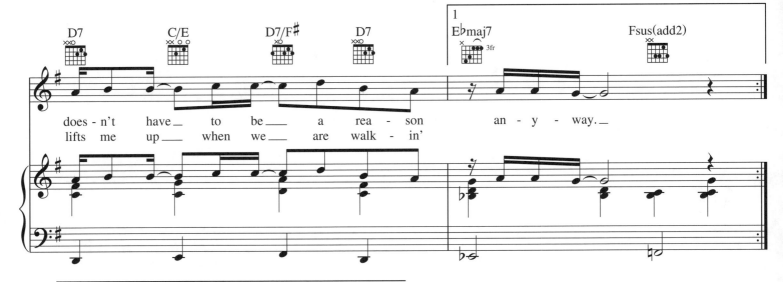

does - n't have _____ to be _____ a rea - son an - y - way. _____
lifts me up _____ when we _____ are walk - in'

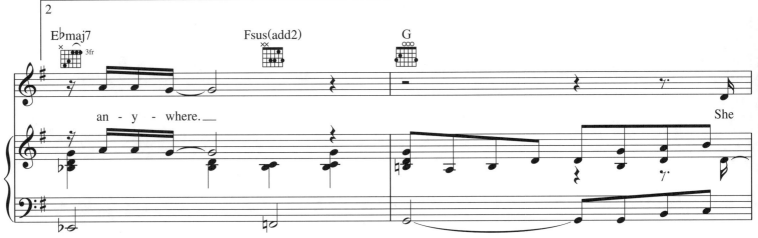

an - y - where. _____ She

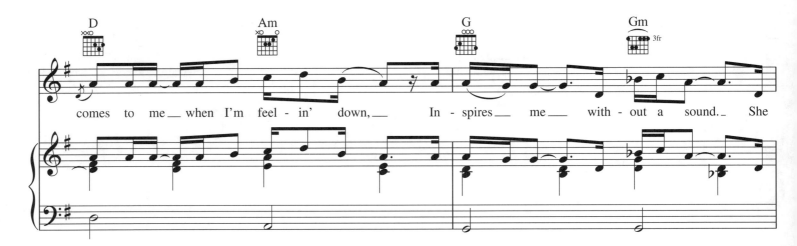

comes to me _____ when I'm feel - in' down, _____ In - spires _____ me _____ with - out a sound. _____ She

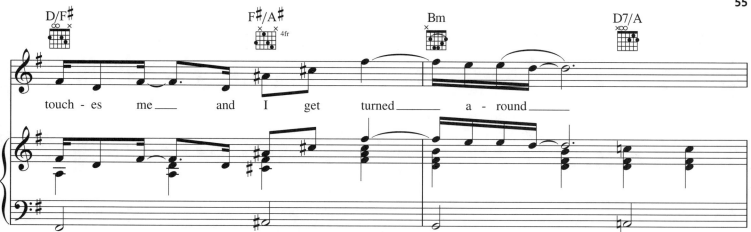

touch - es me ___ and I get turned ___ a - round ___

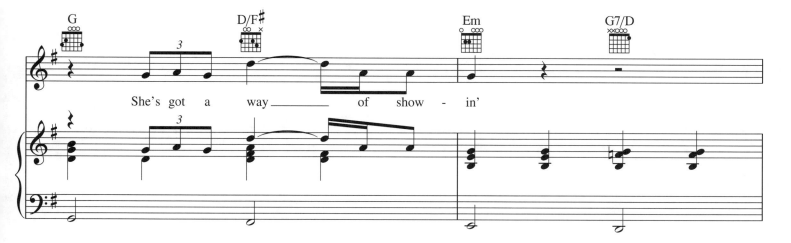

She's got a way ___ of show - in'

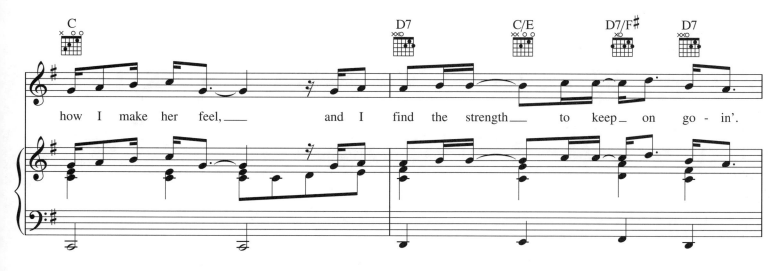

how I make her feel, ___ and I find the strength ___ to keep ___ on go - in'.

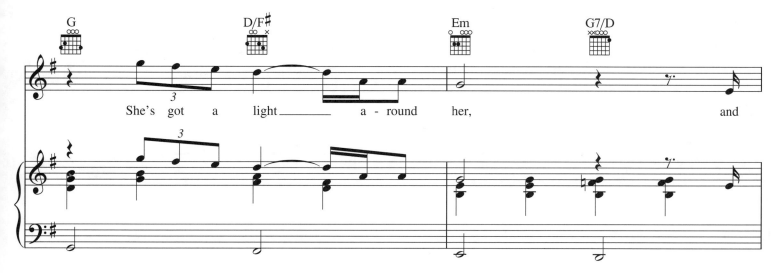

She's got a light ___ a - round her, and

ev - 'ry - where___ she goes___ a mil - lion dreams___ of love sur - round___ her

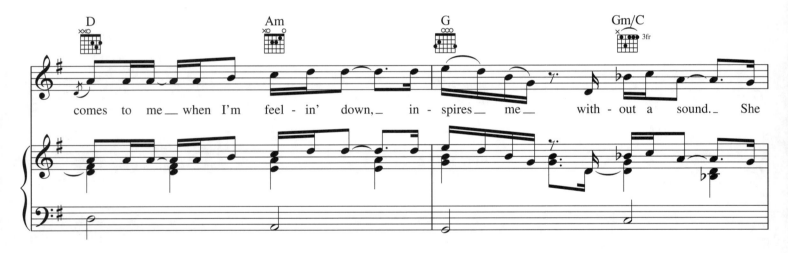

ev - 'ry - where.

She

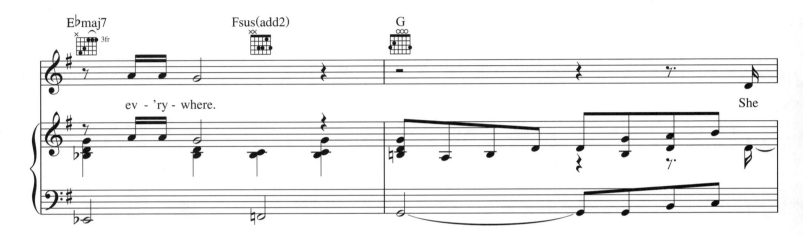

comes to me___ when I'm feel - in' down,___ in - spires___ me___ with - out a sound.___ She

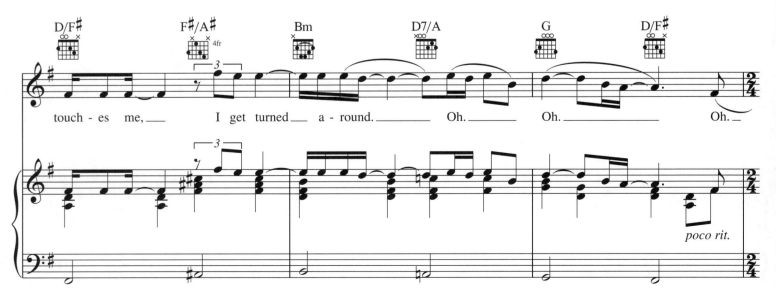

touch - es me,___ I get turned___ a - round._____ Oh._____ Oh._____ Oh.

poco rit.

THE STRANGER

Words and Music by
BILLY JOEL

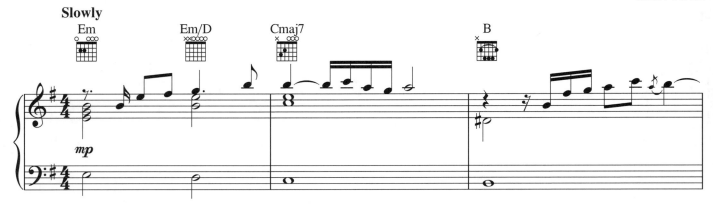

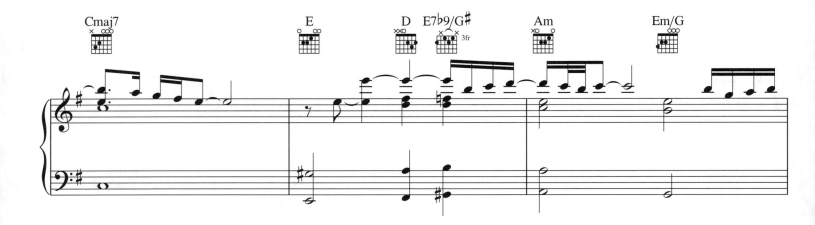

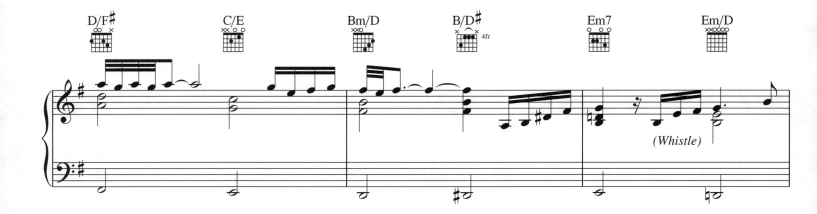

(Whistle)

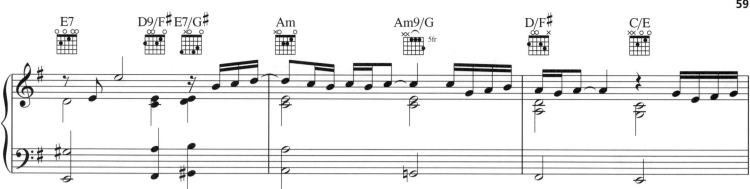

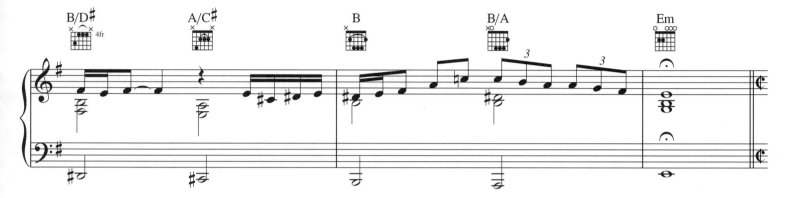

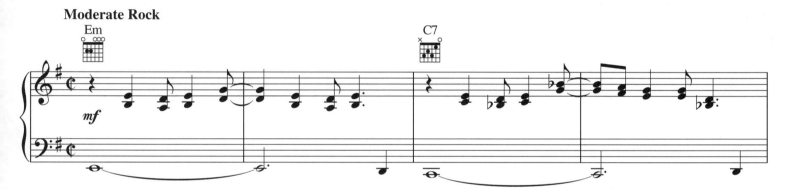

Moderate Rock

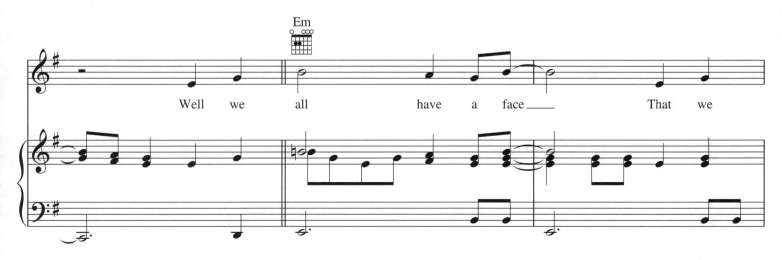

Well we all have a face_____ That we

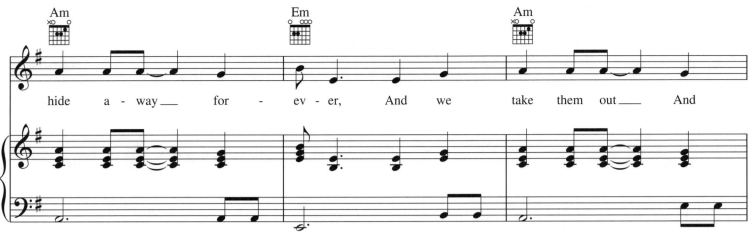

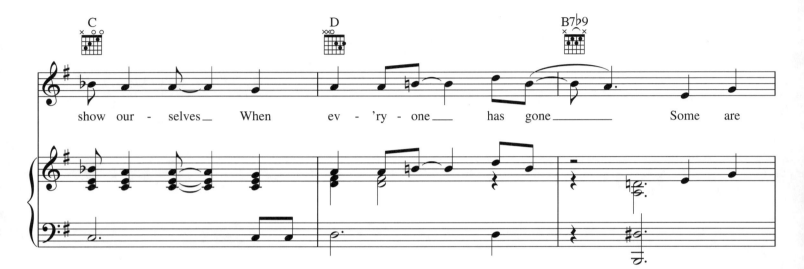

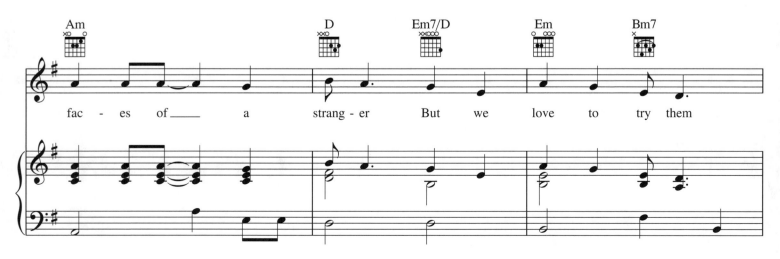

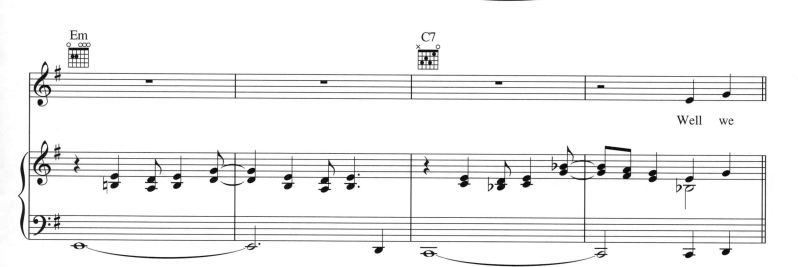

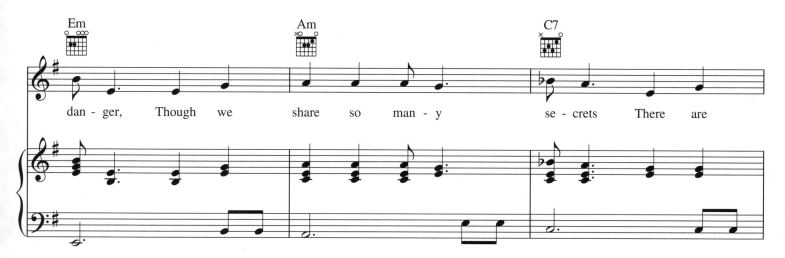

62

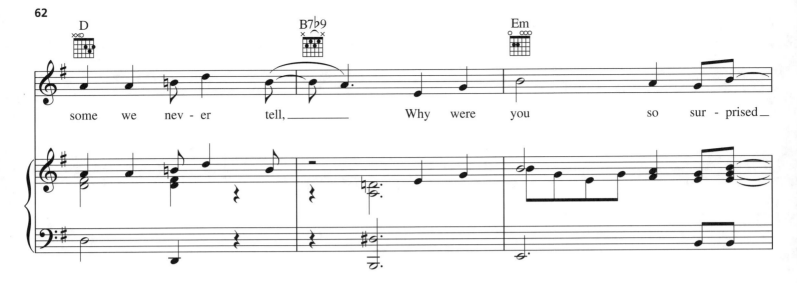

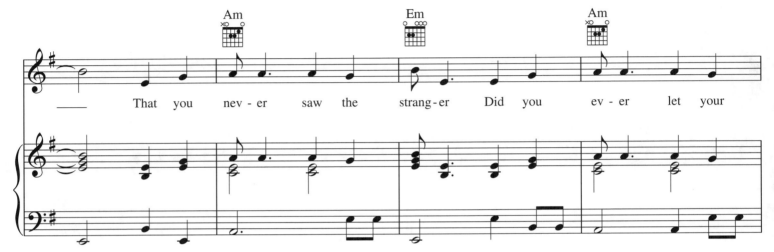

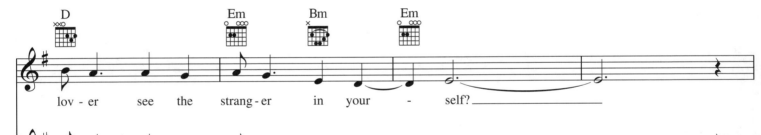

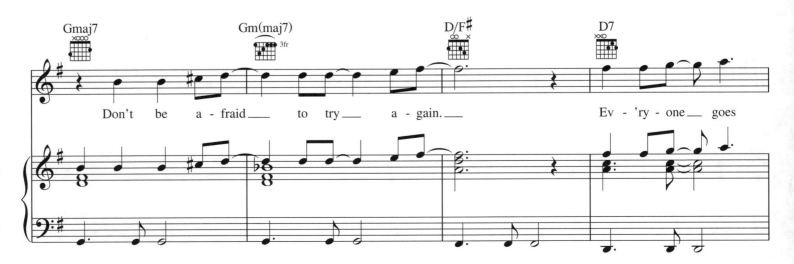

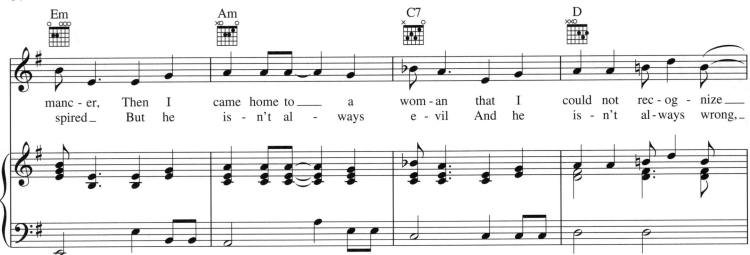

manc - er, Then I came home to ___ a wom - an that I could not rec - og - nize ___
spired ___ But he is - n't al - ways e - vil And he is - n't al - ways wrong, ___

___ When I pressed her for a rea - son she re - fused to e - ven
___ Though you drown in good in - ten - tions you will nev - er quench ___ the

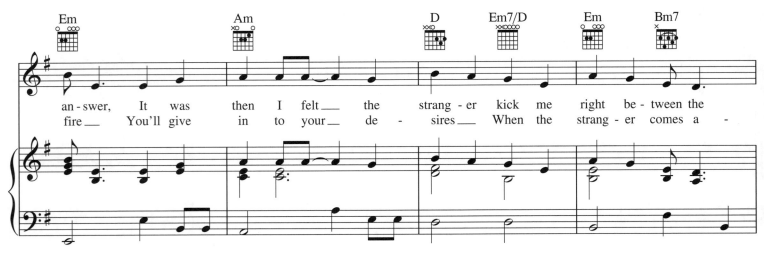

an - swer, It was then I felt ___ the strang - er kick me right be - tween the
fire ___ You'll give in to your ___ de - sires ___ When the strang - er comes a -

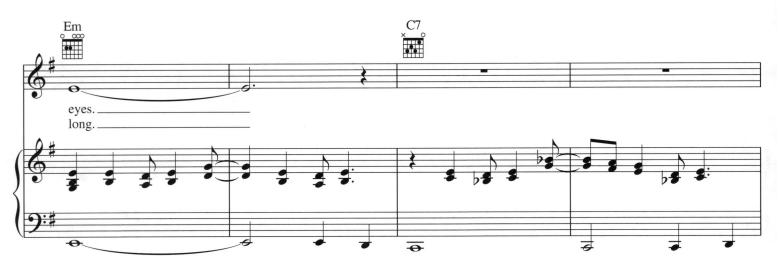

eyes. _____
long. _____

Well we

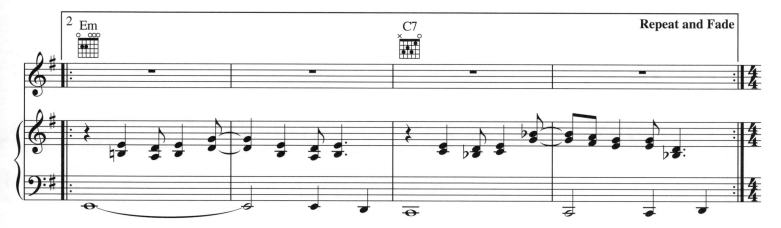

Repeat and Fade

Tempo I

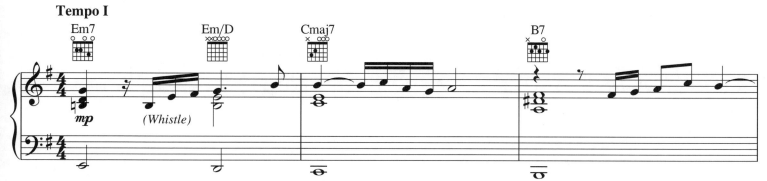

(Whistle)

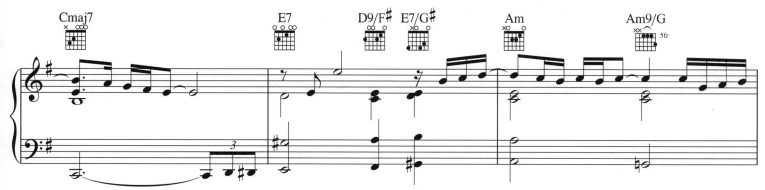

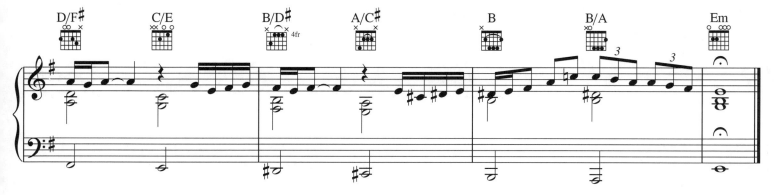

INVENTION #1 IN C MINOR

Written by WILLIAM JOEL

Allegretto (♩ = 104)

BIG SHOT

Words and Music by
BILLY JOEL

Fast Rock 'n' Roll

Well ___ you went

up - town rid - ing in your lim - ou - sine, ___ with your fine Park Av - e - nue clothes.
all im - pressed ___ with your Hal - ston dress, ___ and the peo - ple that you knew at E - laines,

You had the Dom Per - ig - non in your hand ___ and the spoon up your nose ___
and the sto - ry of your lat - est suc - cess ___ kept 'em so en - ter - tained. ___

o - pen up ___ your mouth. _____ You had to be a big shot didn't _____
prove it to ___ the crowd. _____ You had to be a big shot didn't _____

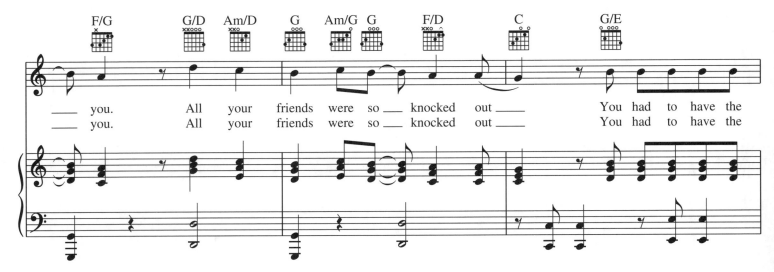

___ you. All your friends were so ___ knocked out _____ You had to have the
___ you. All your friends were so ___ knocked out _____ You had to have the

last word, last _____ night. You know what ev - 'ry - thing's _ a - bout. _____
last word, last _____ night, so much fun to be _____ a - round. _____

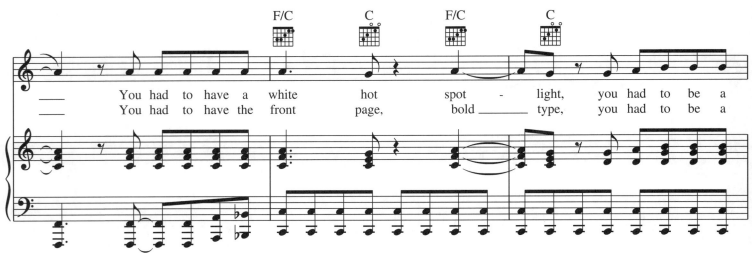

___ You had to have a white hot spot - light, you had to be a
___ You had to have the front page, bold _____ type, you had to be a

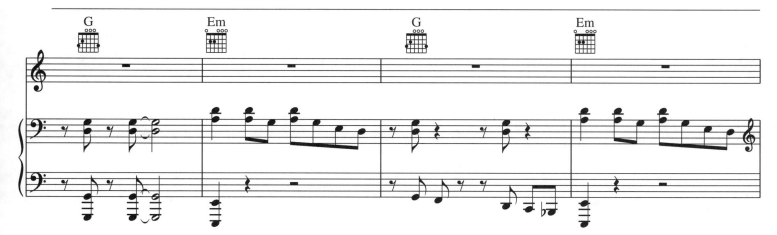

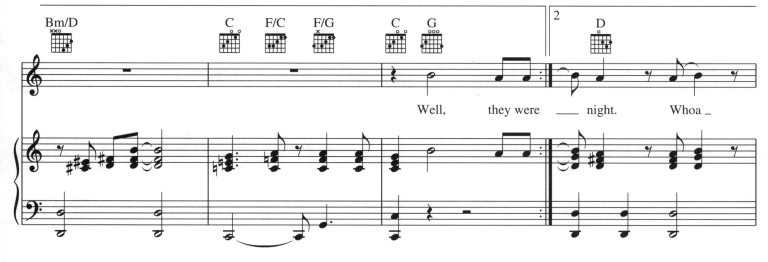

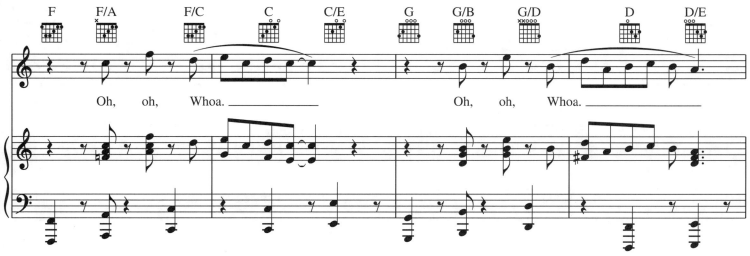

To Coda

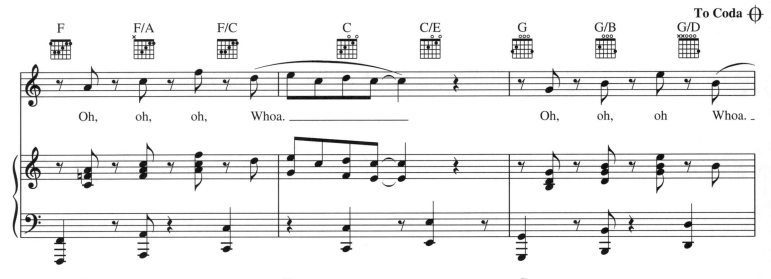

Oh, oh, oh, Whoa. _____ Oh, oh, oh Whoa. _

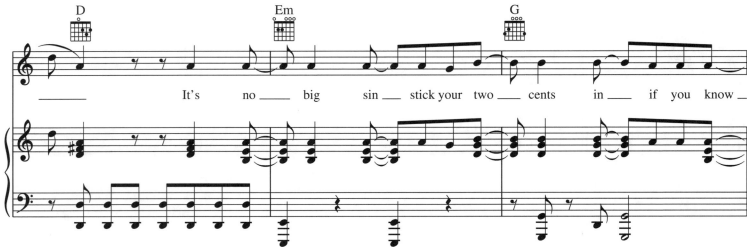

_____ It's no ___ big sin ___ stick your two ___ cents in ___ if you know

___ when to leave it a - lone. _____ But you went o - ver the line, ___ you could-n't

D.S. al Coda
(Verse 1)
(take 2nd ending)

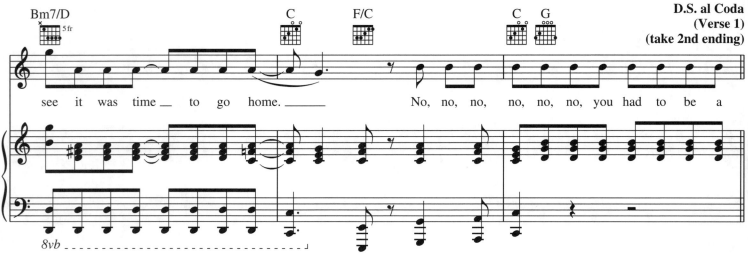

see it was time ___ to go home. _____ No, no, no, no, no, no, you had to be a

8vb

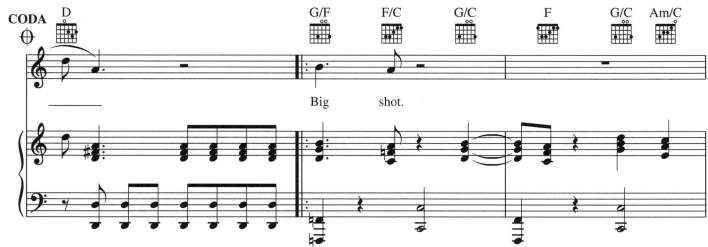

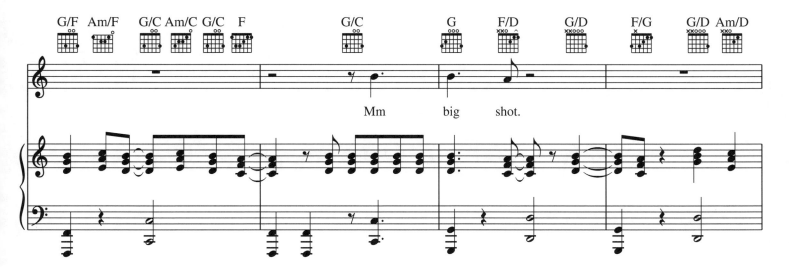

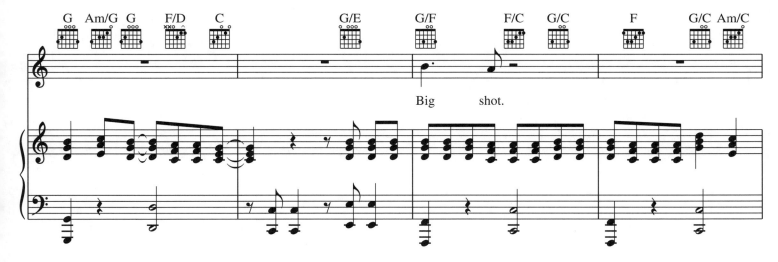

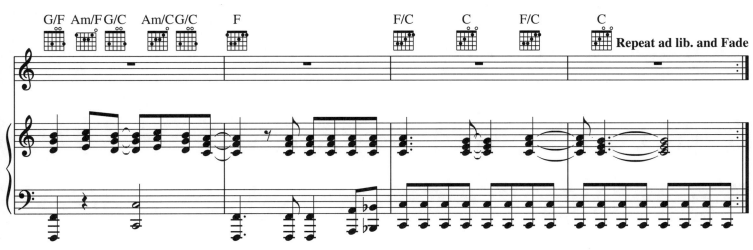

BIG MAN ON MULBERRY STREET

Words and Music by
BILLY JOEL

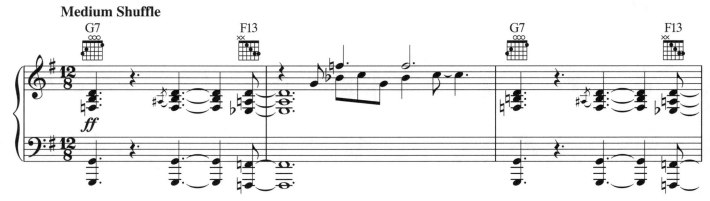

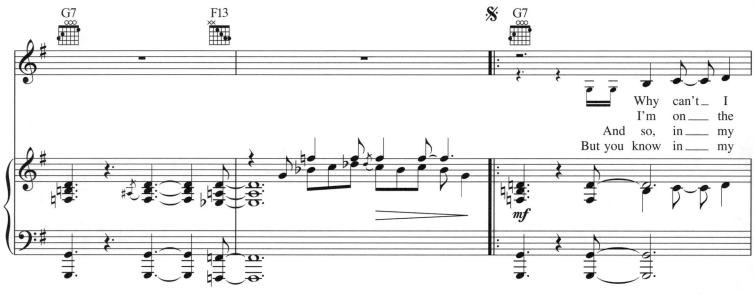

lay _____ low? _____   Why can't I say what I mean?
out - side. _____   I don't fit in - to _____ a groove.
small _____ way, _____   I'm a big man on Mul - ber - ry Street.
own _____ heart, _____   I'm a big man on Mul - ber - ry Street.

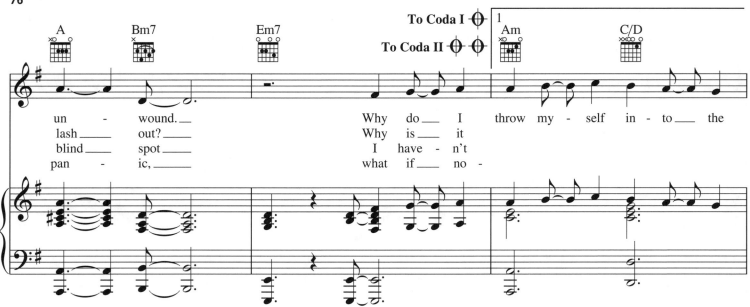

un - wound.___
lash___ out?___
blind___ spot___
pan - ic,___

Why do___ I throw my - self in - to___ the
Why is___ it
I have - n't
what if___ no -

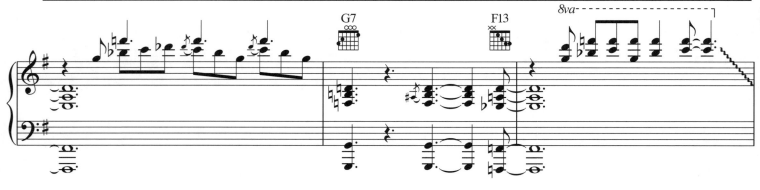

night?

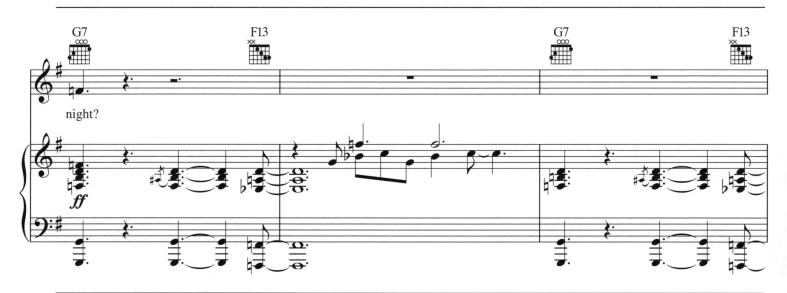

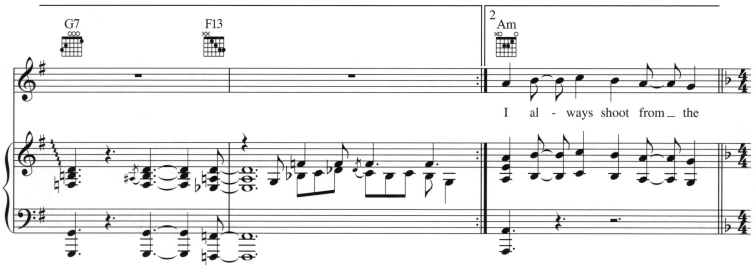

I al - ways shoot from___ the

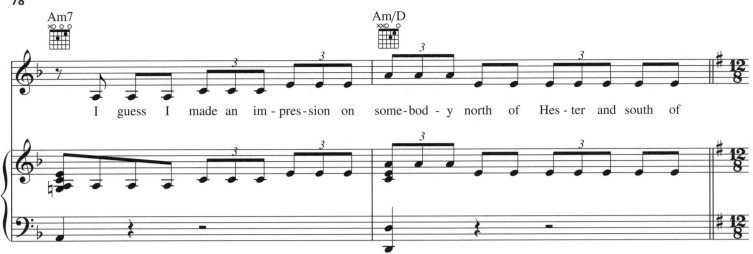

I guess I made an im-pres-sion on some-bod-y north of Hes-ter and south of

D.S. al Coda I

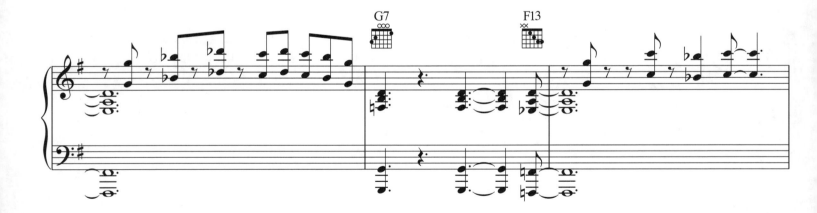

seen from ___ the sen - si - tive side?

Instrumental

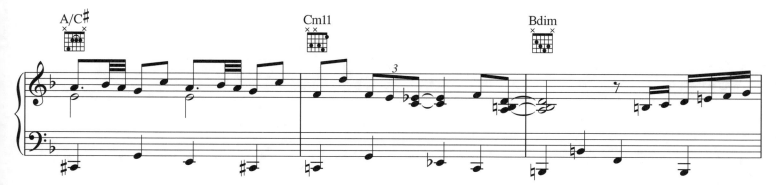

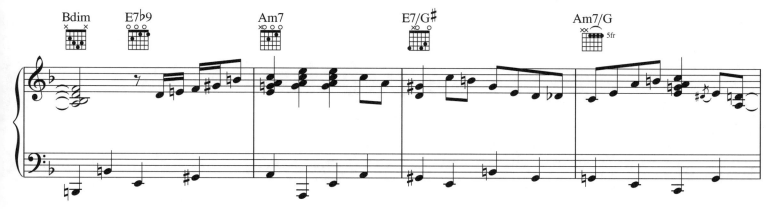

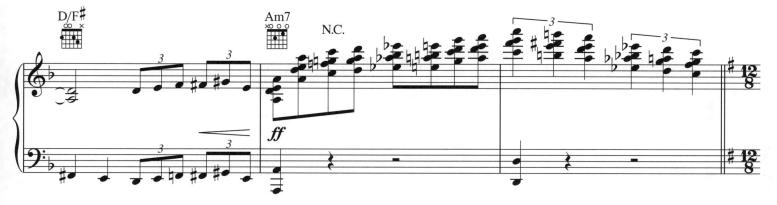

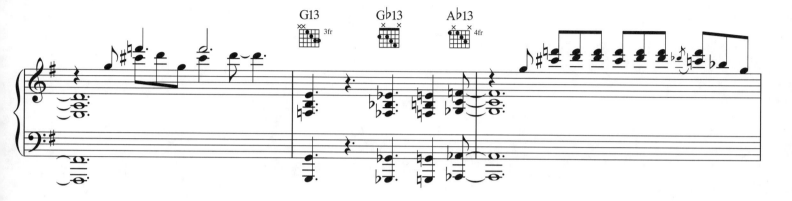

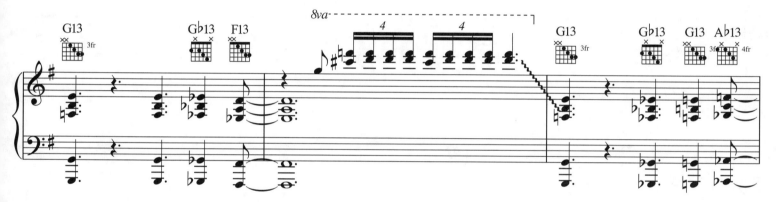

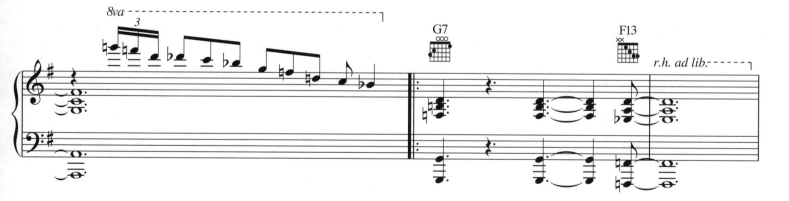

PRESSURE

Words and Music by
BILLY JOEL

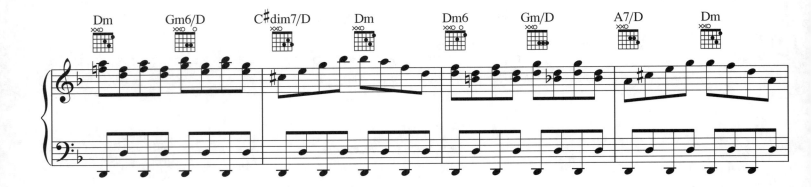

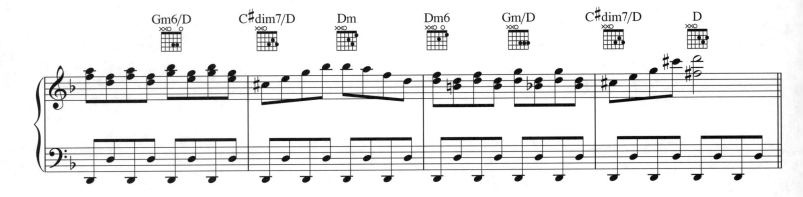

You have＿ to learn＿ to pace＿ your - self. ＿
You used＿ to call＿ me par - a - noid. ＿
Don't ask＿ for help;＿ you're all＿ a - lone. ＿

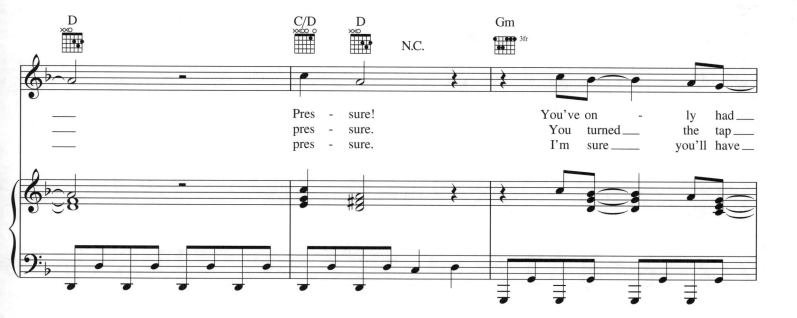

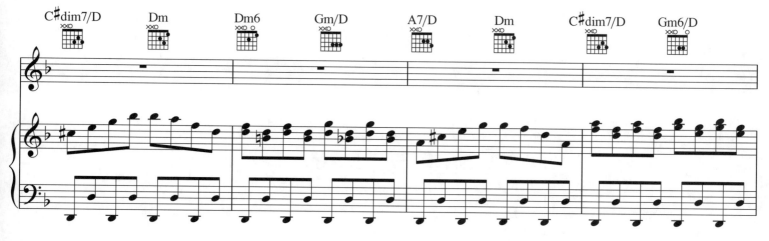

All grown up and no place to go. _____

Instrumental solo

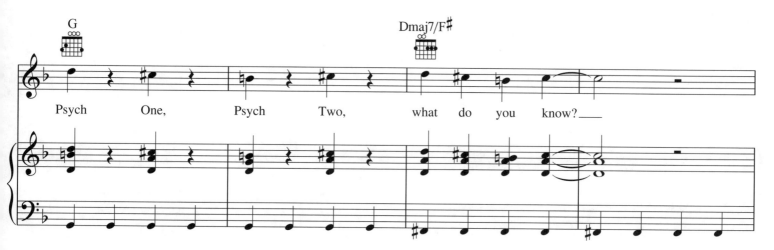

Psych One, Psych Two, what do you know? ____

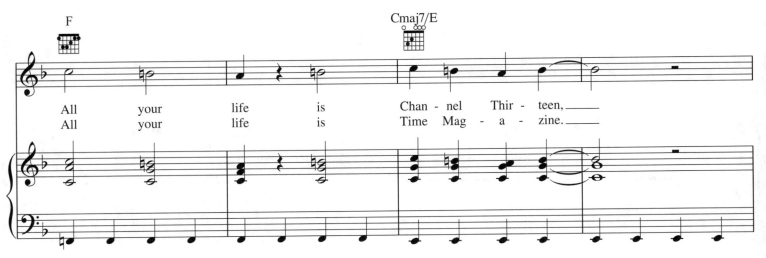

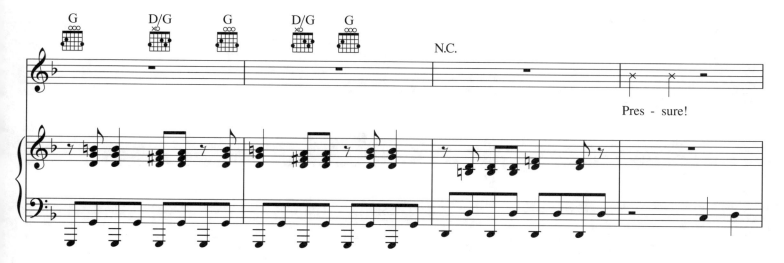

Pres - sure!

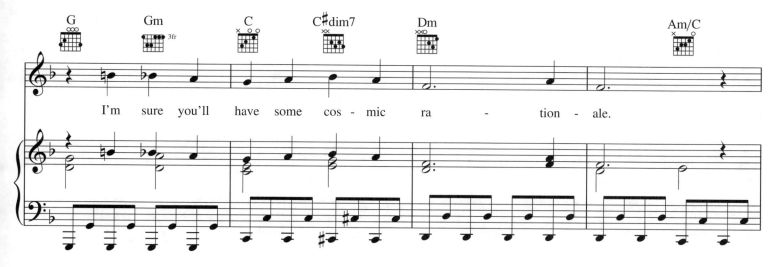

I'm sure you'll have some cos - mic ra - tion - ale.

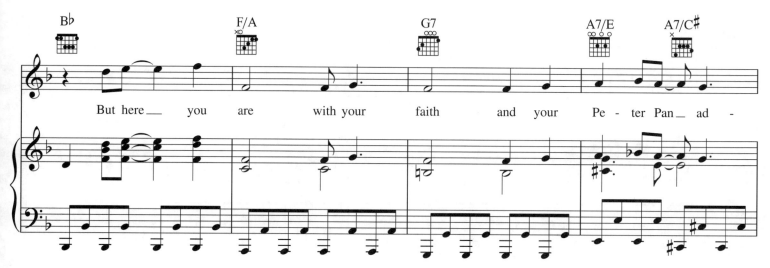

But here__ you are with your faith and your Pe - ter Pan__ ad -

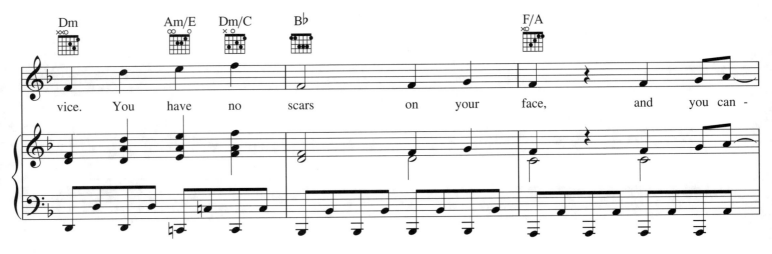

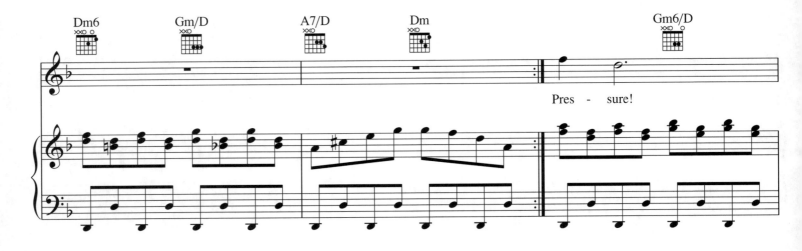

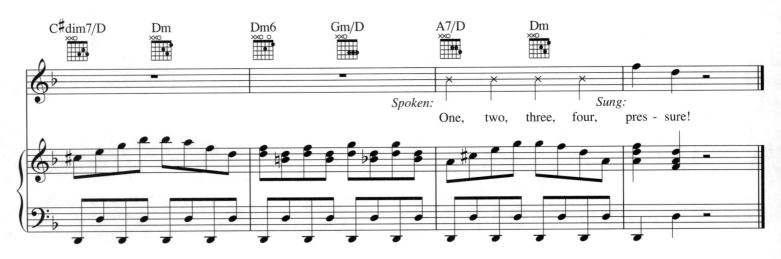

GOODNIGHT SAIGON

Words and Music by
BILLY JOEL

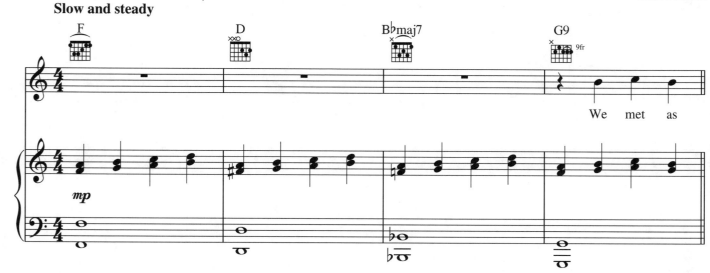

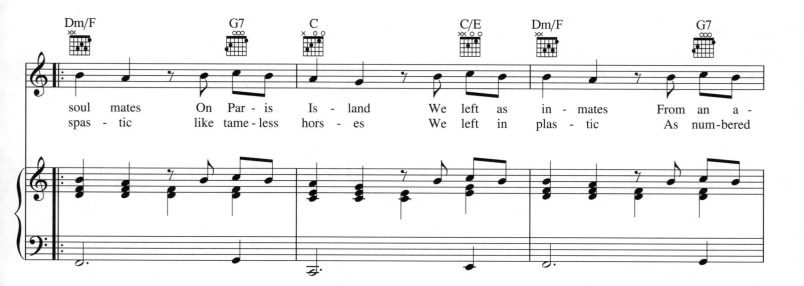

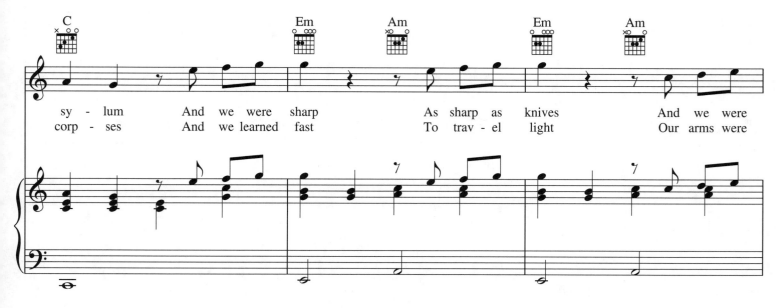

so gung ho To lay down our lives ___ We came in heav - y But our bel - lies were tight. ___

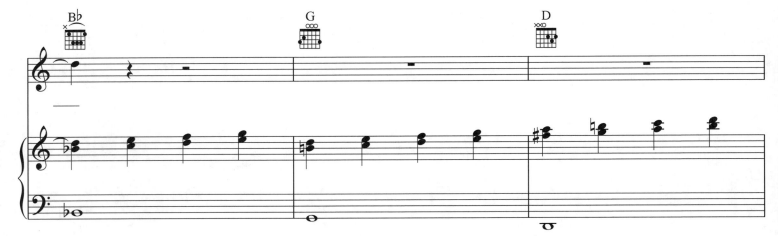

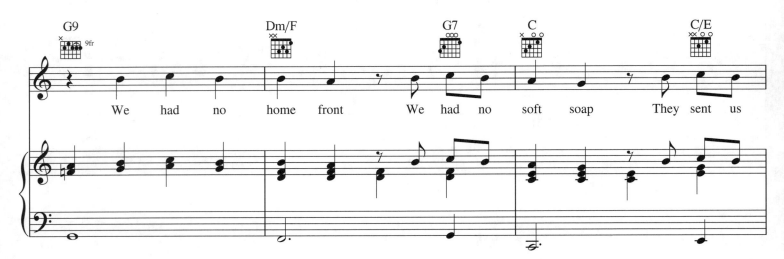

We had no home front We had no soft soap They sent us

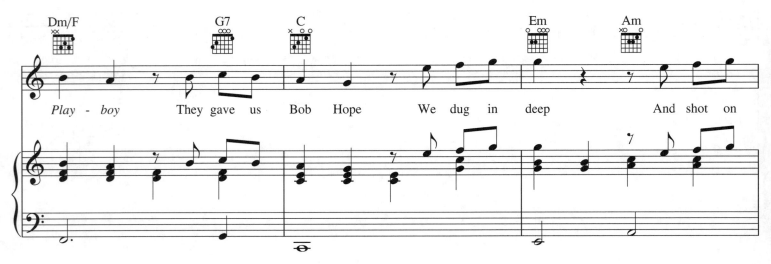

Play - boy They gave us Bob Hope We dug in deep And shot on

91

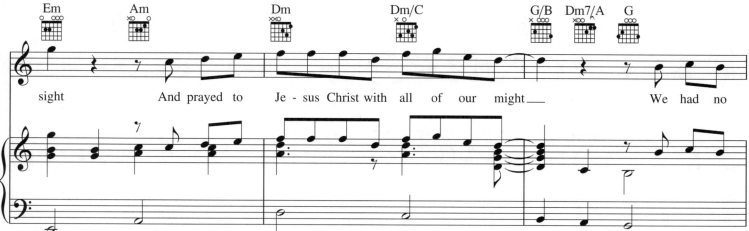

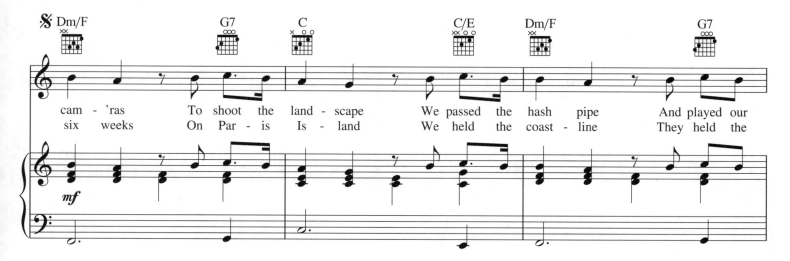

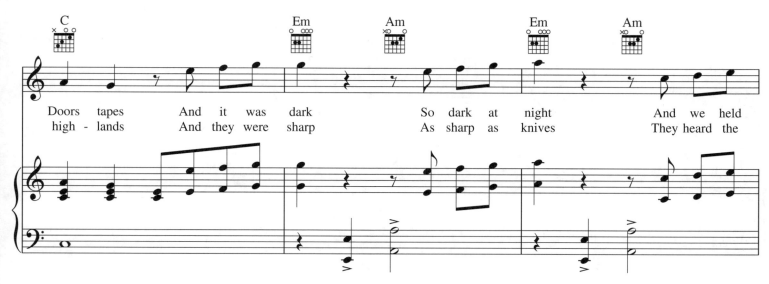

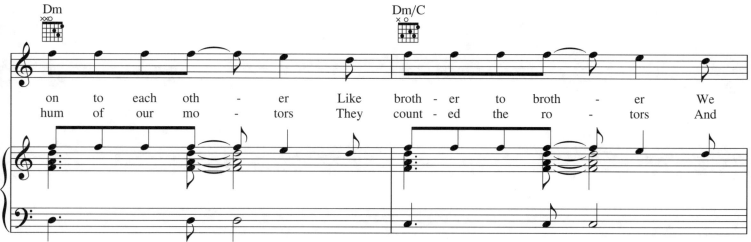

prom - ised our moth - ers we'd write_____
wait - ed for us_____ to ar - rive_____

And we would

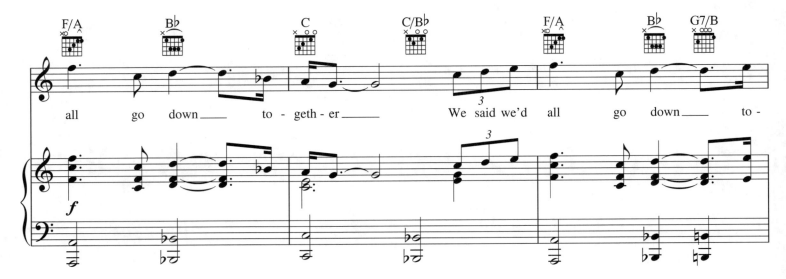

all go down_____ to - geth - er_____ We said we'd all go down_____ to-

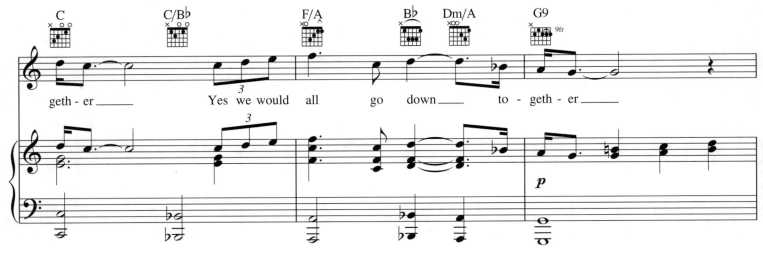

geth - er_____ Yes we would all go down_____ to - geth - er_____

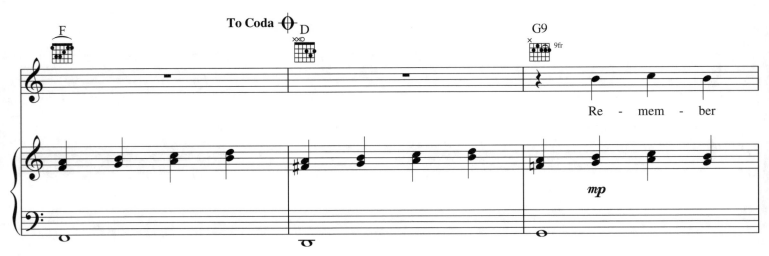

To Coda

Re - mem - ber

93

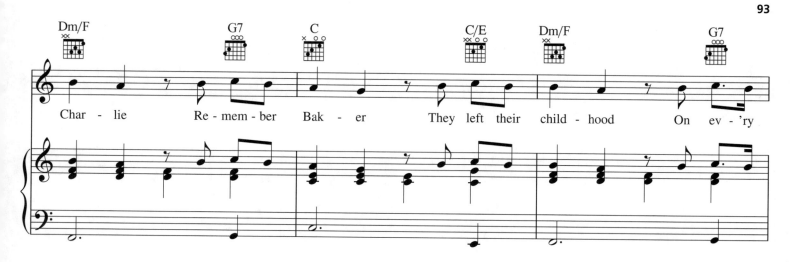

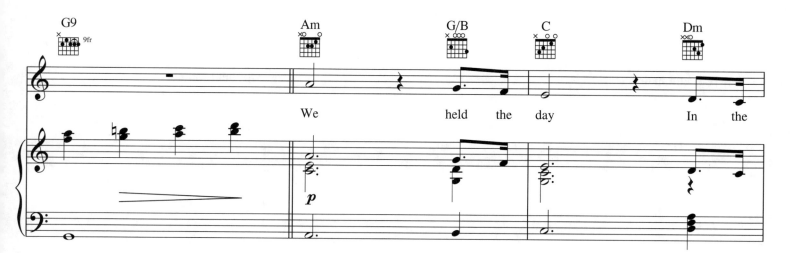

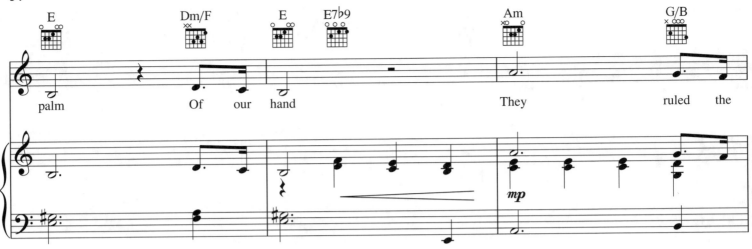

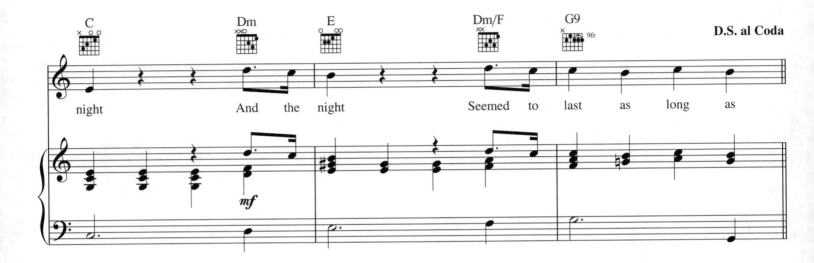

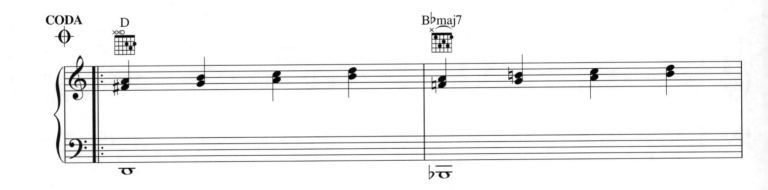

SHAMELESS

Words and Music by
BILLY JOEL

Slow Rock beat

Well, I'm

shame - less when it comes to lov - ing you.___ I'd do an - y-thing you
shame - less. Ba - by I don't have a prayer.___ An - y-time I see you

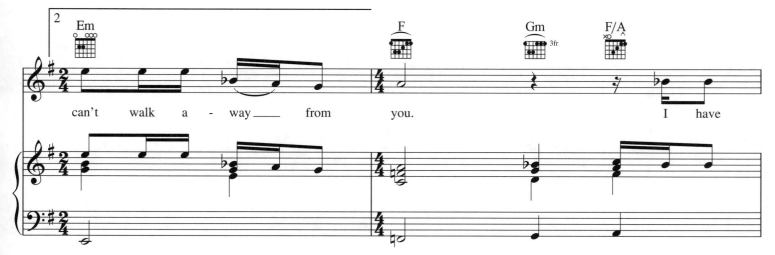

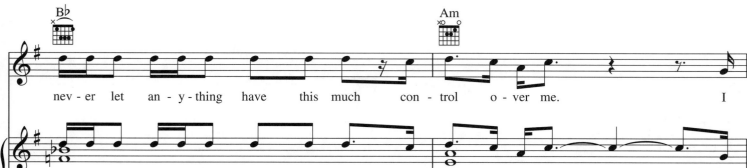

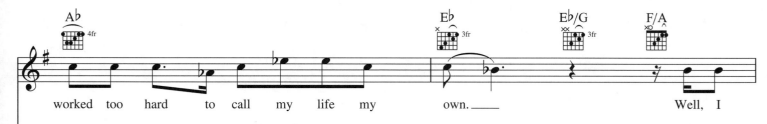

made my-self a world___ and it worked so___ per-fect-ly.___ But it's

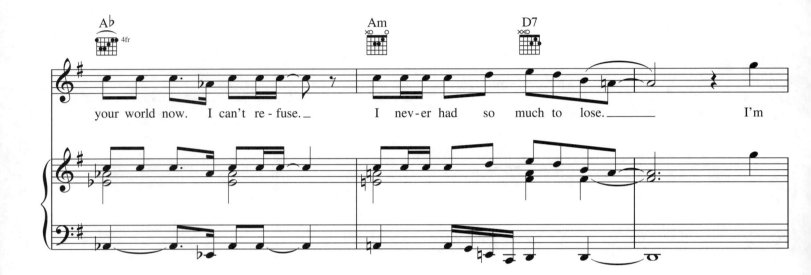

your world now. I can't re-fuse.___ I nev-er had so much to lose.___ I'm

shame-less.

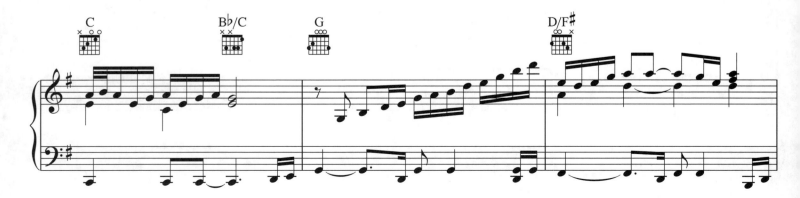

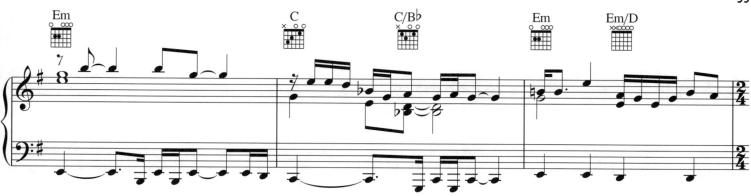

You know it should be eas - y for a man who's strong_ to

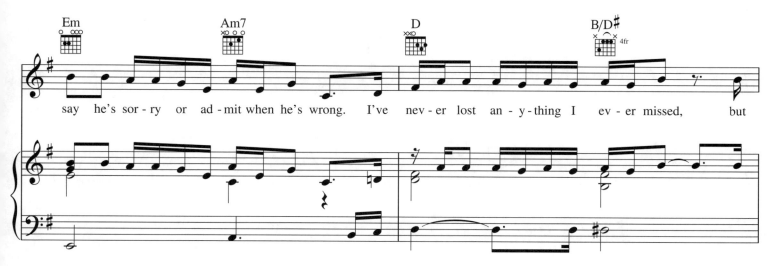

say he's sor - ry or ad - mit when he's wrong. I've nev - er lost an - y - thing I ev - er missed, but

I've nev - er been in love_ like this._ It's out of my hands._ I'm

THE RIVER OF DREAMS

Words and Music by
BILLY JOEL

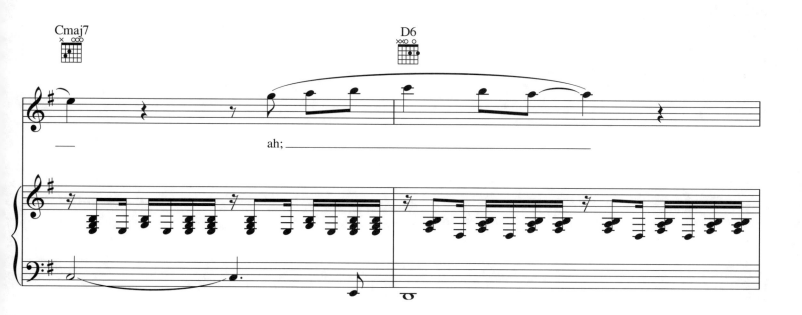

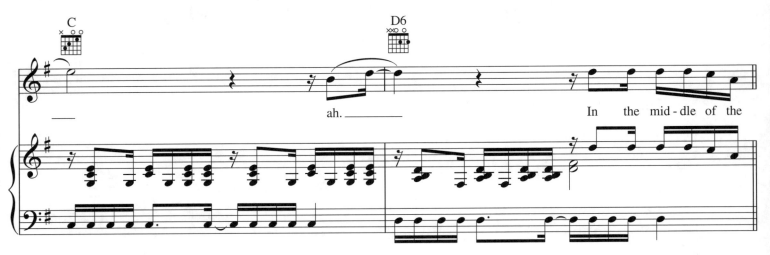

In the mid - dle of the

night ___ I go walk-ing in my sleep, ___ from the moun-tains of faith ___

night ___ I go walk-ing in my sleep, ___ through the val - ley of fear ___

___ to a riv-er so deep. ___ I must be look-ing for some -

___ to a riv-er so deep. ___ And I've been search-ing for some -

- thing, ___ some - thing sa - cred I lost. ___ But the riv - er is

- thing, ___ tak - en out of my soul, ___ some-thing I would nev - er

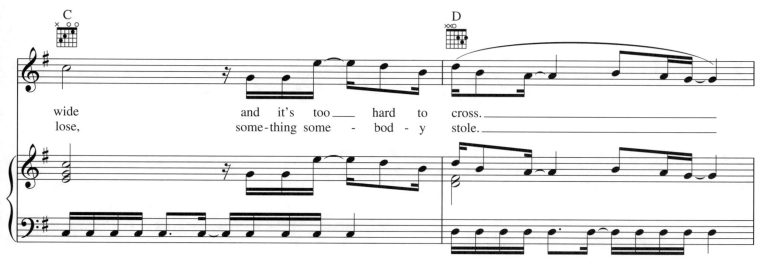

wide,   and it's too___ hard to cross._____
lose,   some-thing some - bod - y stole._____

And e -ven though I know the riv - er is wide___ I walk   down ev'-ry eve - ning and stand on the shore,___
I don't know why I   go walk-ing at night,___ but now I'm tired and I don't want to walk an - y - more.___

and try to cross   to the op - po-site side___ so I can   fin - al - ly find___ what I've been
I hope it does-n't take the rest of my life___ un - til I

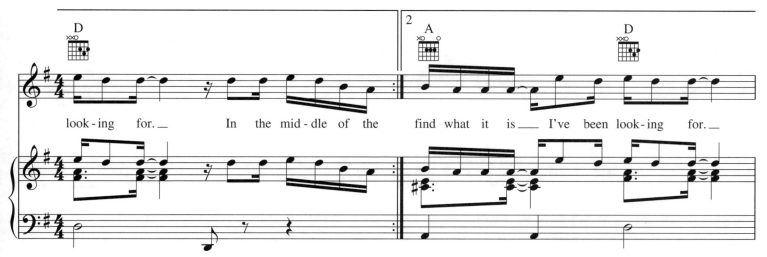

look - ing for.___   In the mid - dle of the   find what it is___ I've been look-ing   for.___

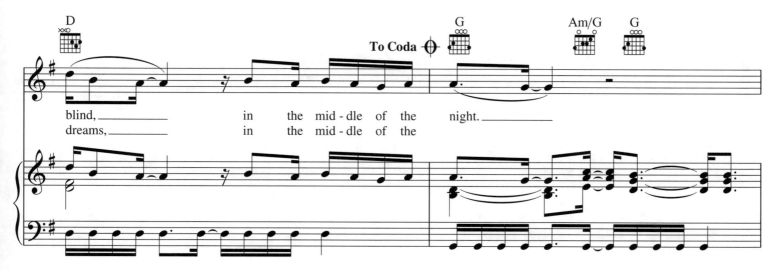

blind, _____ in the mid-dle of the night. _____
dreams, _____ in the mid-dle of the

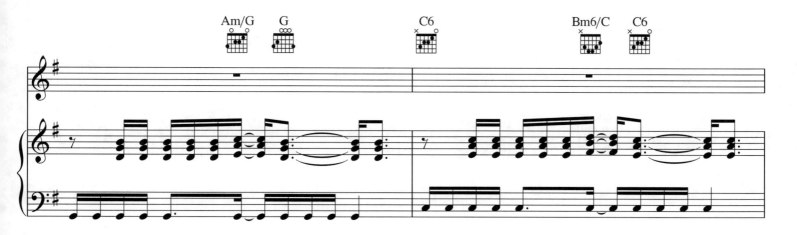

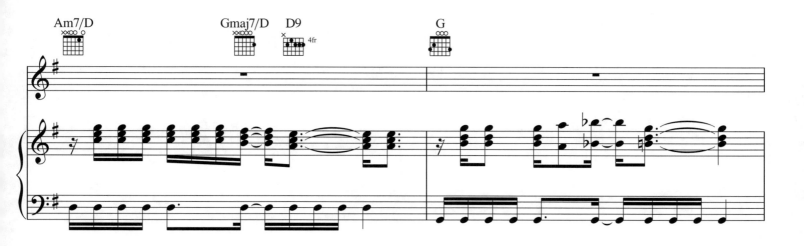

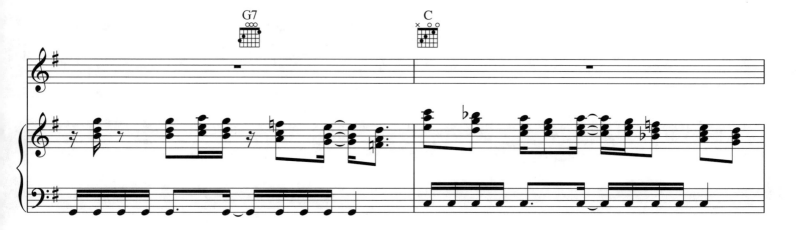

I'm not sure a-bout a life af-ter this, God knows

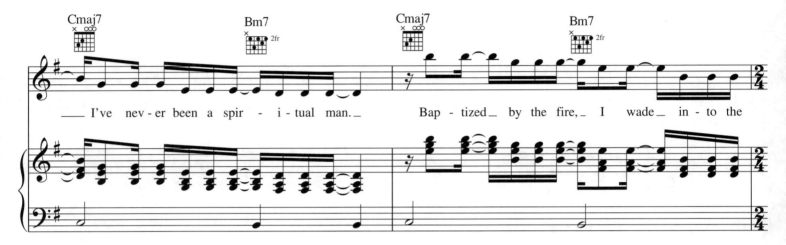

___ I've nev-er been a spir-i-tual man.___ Bap-tized___ by the fire,___ I wade___ in-to the

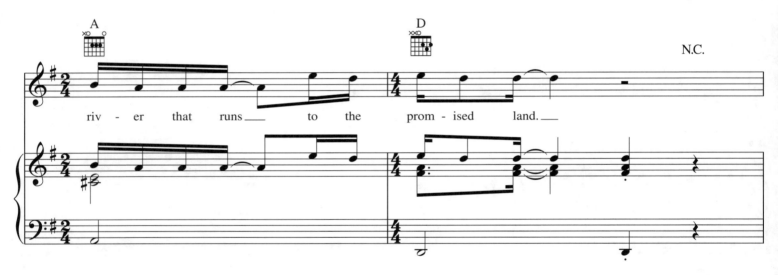

riv-er that runs___ to the prom-ised land.___

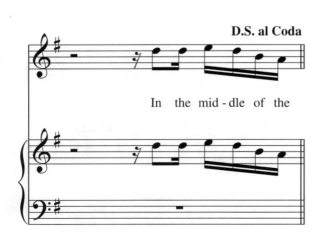

D.S. al Coda

In the mid-dle of the

CODA

(I go walk-ing in the, in the mid-dle of the;
night.___

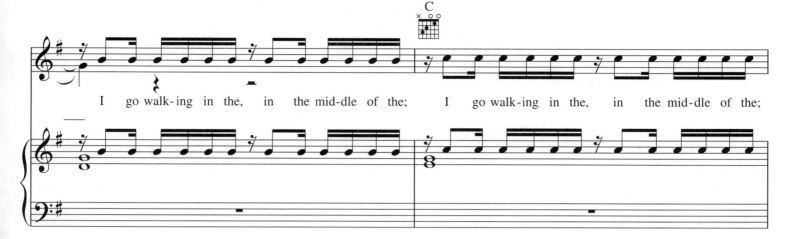

I go walk-ing in the, in the mid-dle of the; I go walk-ing in the, in the mid-dle of the;

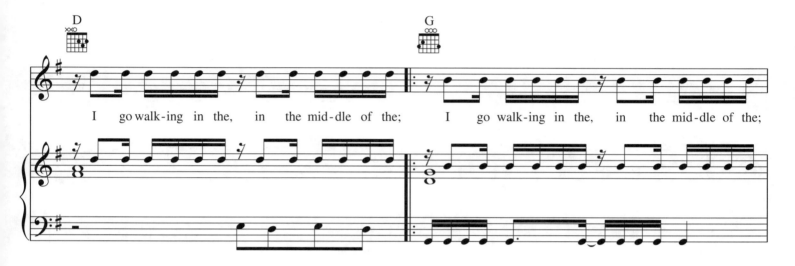

I go walk-ing in the, in the mid-dle of the; I go walk-ing in the, in the mid-dle of the;

I go walk-ing in the, in the mid-dle of the; I go walk-ing in the, in the mid-dle of the;

Repeat and Fade

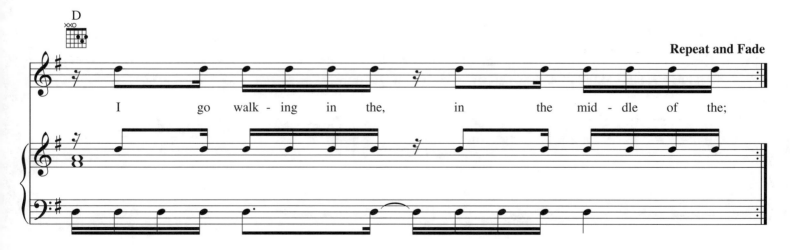

I go walk-ing in the, in the mid-dle of the;

KEEPING THE FAITH

Words and Music by
BILLY JOEL

Light double time feel

l.h. played an octave lower throughout

If it
seems like I've been lost in let's re-mem-ber If you
think I'm feel-ing old-er And miss-ing my young-er days Oh, then you

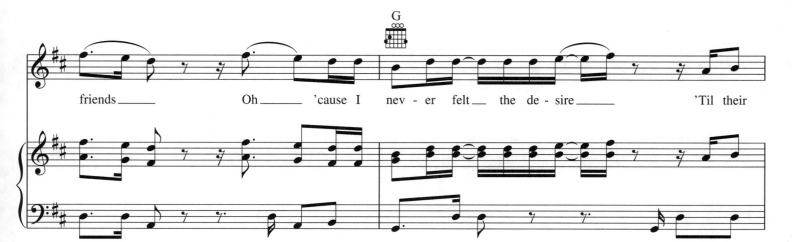

Ir - i - des-cent socks with the same col - or shirt and a tight pair of chi - nos___ Oh I

put on my shark skin jack-et you know the kind with the vel - vet col - lar and dit-ty-bop

shades Oh yeah___ I took a

fresh pack of Luck-ies and a mint called Sen - Sen My

old man's Tro-jans and his Old Spice af - ter - shave_____ Oh_____ combed my

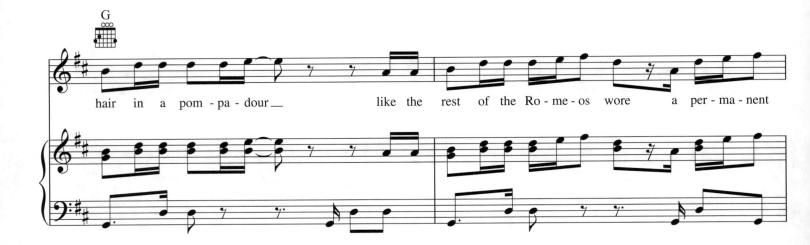

hair in a pom - pa - dour__ like the rest of the Ro - me - os wore a per - ma - nent

wave Yeah we were keep-ing the faith__

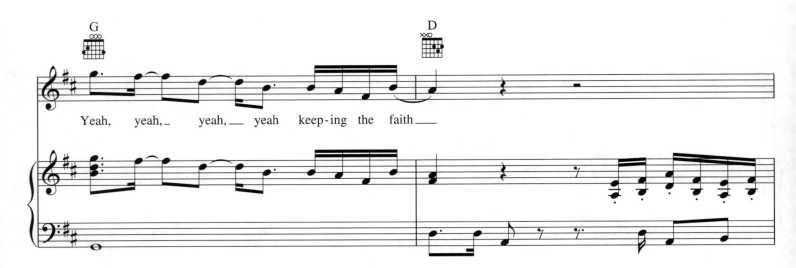

Yeah, yeah,_ yeah,__ yeah keep-ing the faith__

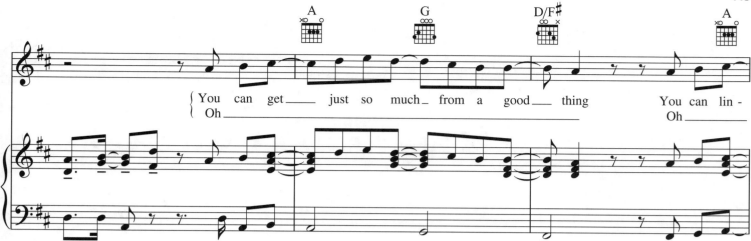

You can get _____ just so much ___ from a good ___ thing   You can lin -
Oh _____   Oh _____

- ger too long ___ in your dreams___   Say good - bye _____ to the old - ies but good -
_____   Oh _____

- ies   'Cause the good ole days were-n't al - ways good and to -
_____   You know the good ole days were-n't al - ways good and to -

mor-row ain't as bad as it seems_____ Learned stick - ball as a for-mal ed-u-ca-tion
mor-row ain't as bad as it seems_____ Now I told you my rea-sons for the whole re - vi - val

ONLY THE GOOD DIE YOUNG

Words and Music by
BILLY JOEL

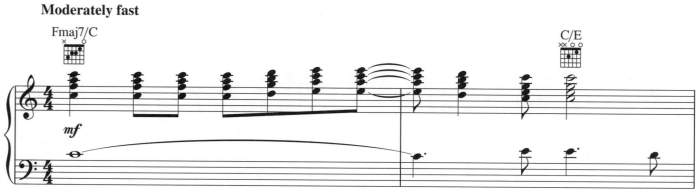

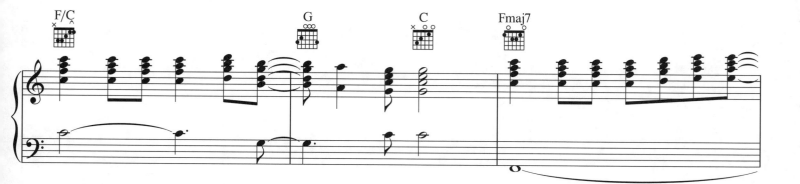

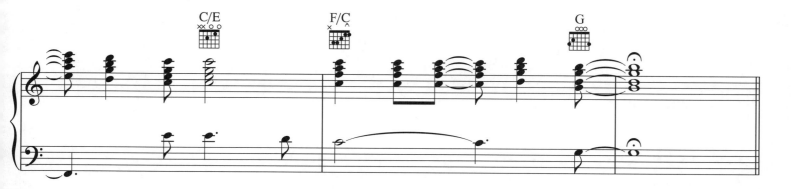

Come out Vir - gin - ia don't let me wait___ You Cath - o - lic girls___ start
showed you a stat - ue told you to pray___ They built you a tem - ple and

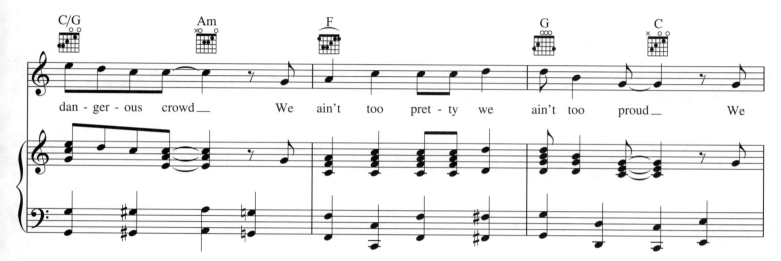

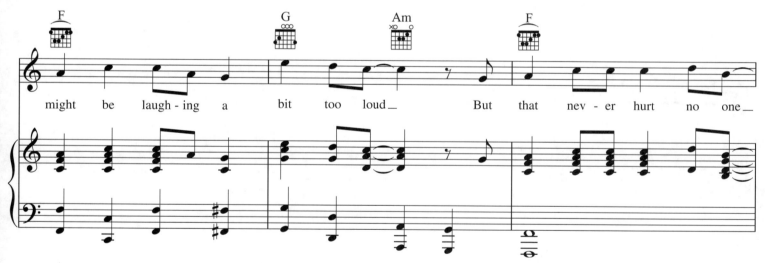

good die young‿   You got a nice white dress and a
good die young‿   *(Instrumental)*

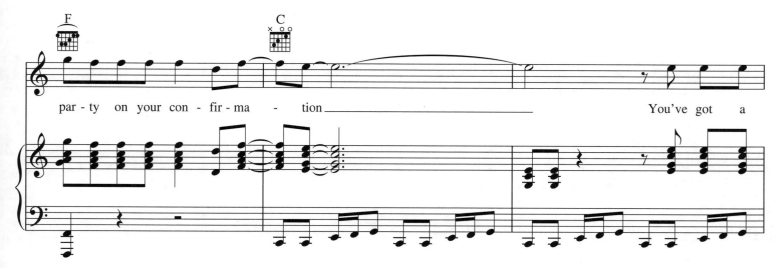

par - ty on your con - fir - ma - tion _____   You've got a

brand new soul _____   and a cross of gold _____

____   *(End instrumental)*   But Vir - gin - ia they did - n't give you quite e - nough in - for - ma -
Said your moth - er told you all that I could give you was a rep - u - ta -

-tion _____ You did-n't count on me _____
-tion _____ She nev-er cared for me _____

_____ When you were count-ing on your ro - sa - ry _____ Oh oh oh And they
_____ But did she ev-er say a pray'r for me _____ Oh oh oh Come out,

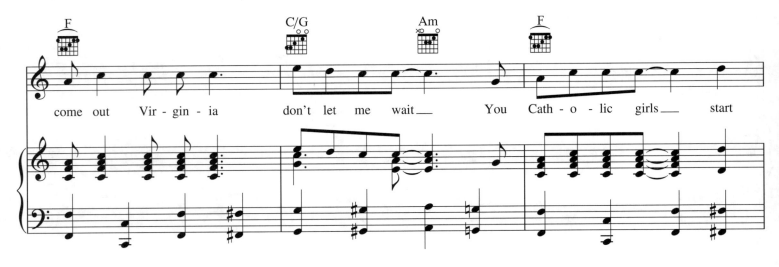

come out Vir - gin - ia don't let me wait _____ You Cath - o - lic girls _____ start

much too late _____ Ah but soon - er or lat - er it comes down to fate _____ I

might as well be the one ____ You know that on - ly the good ___ die

young _____ That's what I say

On - ly the good ____ die young _____ On - ly the

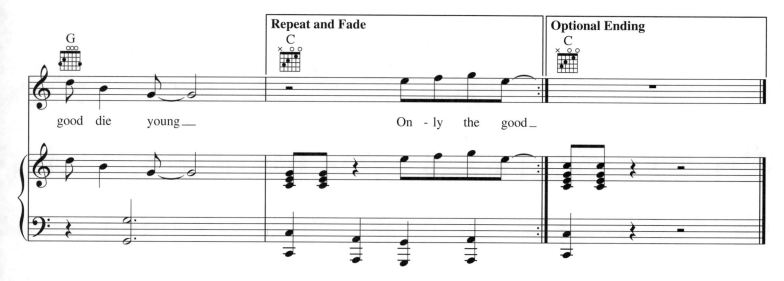

Repeat and Fade

Optional Ending

good die young ___ On - ly the good _

I'VE LOVED THESE DAYS

Words and Music by
BILLY JOEL

(End instrumental)

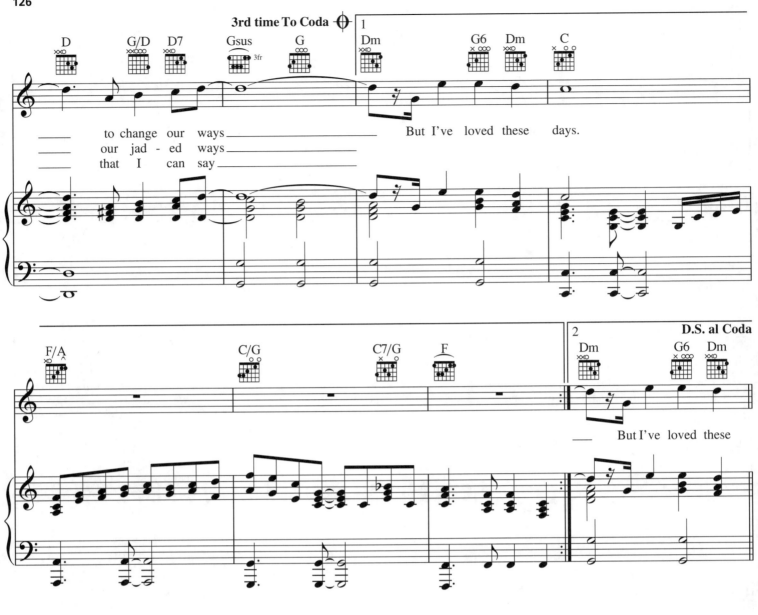

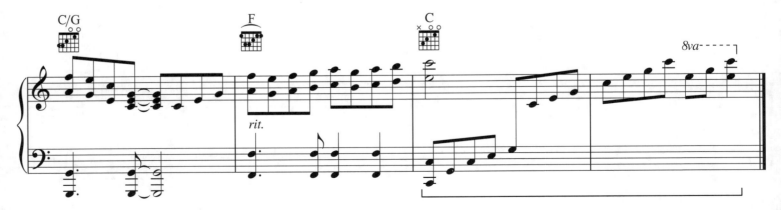